尾木直樹著

思春期の危機をどう見るか

岩波新書

998

はじめに

前拙著『子どもの危機をどう見るか』(岩波新書)は、二〇〇〇年に出版されました。そこでは、当時小学校で急速に広がりはじめた学級崩壊、キレて凶悪な事件を起こす十代の少年たち、いじめ、不登校、援助交際などを広く取り上げ、子どもの世界では何が起きているのか、それらの危機の実像と背景について解明を試みました。同時に、子育てと教育を再生させる考え方や具体例を提示し、従来の学校観、子育て観の転換を迫りました。

それから五年余り。事態は改善どころか、深刻の度は増すばかりです。この間、ひきこもり、「学力低下」問題、ニートなどが新たに注目され、子ども・青年への不安が拡大しています。また、少年による相次ぐ凶悪犯罪は、両親殺害(東京・板橋、二〇〇五年六月)、母親タリウム毒殺未遂(静岡、同年一一月)、弟による兄刺殺(福岡、同年六月)、男子高校生による母親殺害(岩手、二〇〇六年一月)など、いずれも〝身近な者への殺意〟へとその方向を内に変えつつあります。

一方、子どもが被害にあう事件では、二〇〇五年の師走に発生した、大学生のアルバイト塾講師による小六の教え子殺害事件が、社会全体に大きな衝撃を与えました。小学校一年生が下校途中に誘拐、殺害されるという凶悪事件が広島(一一月)、栃木(一二月)と相次いで発生し、社会が恐怖におびえていた最中でした。そうしたこともさらに衝撃を大きくしました。また、殺害動機のあまりの単純さと身勝手さに、私は息を飲む思いをさせられました。「以前から気持ち悪いと言われ、ショックを受けた。自分の授業を受けないことも不満だった」と、容疑者の大学生は少女との「トラブル」が犯行理由であるかのような供述をしているからです。

しかし、これは明らかに錯覚です。この程度のやりとりは、「トラブル」のうちには入りません。思春期前期に入った小六女児が、若い塾講師に反抗的な言動を見せることなどは「日常」的だからです。この時期特有の典型的な言動に過ぎません。思春期の発達特性に対する無知・無理解も甚だしいといえます。

ところで、拙著『子どもの危機をどう見るか』以降にみられる、子どもたちをとりまく環境の最大の変化は何だったのでしょうか。それは、先の京都の事件に限らず、社会全体が思春期の特徴をよく理解して、受容し成長させる力量を急速に喪失しつつあるという事実です。思春期は〝疾風怒濤の時代〟といわれるように、誰でも心が激しく揺れ動く時期であり、子どもが大人として自立するためには、ここをくぐりぬけて初めて、成熟した大人になれるものなのです。元来、思春期そのものが発達を「加速化」させる側面をもっており、したがってそこに「危機」もはらんでいるのです。だからこそ、非は非とする大人の毅然たる姿勢とともに、彼らのふくらむ自尊心を大切にし、主体性に任せる寛容さと、激しい心の揺れにとことん伴走する忍耐強い愛情に満ちた柔軟性が不可欠なのです。それを、「ワガママで素直でない」「反抗する」「非行の始まり」などと、敵視したり排除したりすることはまったくの論外です。

現在、社会全体の子どもバッシングはエスカレートする一方です。法的にも厳罰主義で臨んだり、子どもの味方になるべき文部科学省ですら、「ゼロ・トレランス（寛容さゼロ）」といった考えを生徒指導に導入することを検討すると発表（二〇〇五年秋）したりする有様です。これは、本来アメリカでは商品に不良品を出さないための品質管理の思想であり、もはや子どもをモノ同然とみなしているとさえいえます。これでは、「思春期の危機」は一段と拡大する一方です。

しかも今日の思春期における発達上の危機は、これら見当違いのバッシングにとどまりません。インターネットの普及が子どもたちに大きな影響を与えていることもまた軽視してはなりません。大人とボーダレスな状態でなされる、情報の受発信が子どもたちに新しい可能性をもたらしていることはいうまでもありません。しかし、その一方で、複雑な思春期の発達に対して、どのような悪影響を及ぼしているのか、そのような新たな不安に対する研究も欠くことができないはずです。ところが、現段階での私たちの対応は、第一にポルノメール、フィッシング詐欺などの「被害」から、いかに子どもたちを守るのかということ、第二にはインターネット上のモラル教育をどのように実践するのかという二つぐらいにしか関心は向いていないのです。ネットに対するこのような無防備に近い実態も、子どもたちにとっては新たな危機とはいえないでしょうか。

さらに、バブル崩壊以降の日本の社会・経済構造の大きな変化が、雇用制度や日本人の平等意識などを根底から揺るがしています。そのことが、思春期の子どもたちに、将来への夢や希望を抱きにくくさせていることも大きな問題です。企業モラルの崩壊を見せつけられ、何の展望も示せないでいる大人を尊敬できず、未来に向かって成長したいという、具体的な自己像さえ掲げられないで苦悩しているのです。そればかりか、昨今「負け組」や「格差社会」「二極化」といった考えを素直に受け入れる若者が、急増しています。いまや、日本の貧困率は、OECD加盟国のなかで第五位(一五・三%)となっており、約一〇年前(八%)の二倍にまで達しているのです(二〇〇五年二月公表)。給食費や修学旅行費が支給される就学援助金の受給率は、東京が二四・八%、大阪では二七・九%と、子どもの四人に一人の割合となっています(二〇〇四年度、文部科学省調べ)。東京の足立区では、四二・五%にも達しています。受給率が七割の小学校まで出現しています。

子どもたちが生まれ、もの心がついてからというもの、日本社会のありようは団塊の世代が経験してきた時代とは、まるで別世界のようになっています。そのような社会・経済環境のなかで、私たちの社会は、いま子どもの思春期の発達すら保障できないという最悪のレベルにまで深刻化しているのです。これは、日本の社会そのものの危機であり、未来に対する不安に直結しています。

本書では、これら思春期をめぐる今日的な問題をどう見ればよいのか、また打開の糸口はどこにあるのかについて具体例を提示しながら解明したいと思います。前拙著よりさらに踏み込んで、臨床教育学的な視点と帰納的手法で迫ってみます。その際、最も大切にしたいのは、いかなる場合にも「子どもの目線」に立つという原則です。思春期の複雑な心に寄り添いながら考えたいと思います。

第一章では、子どもの暴力とネットへの関わり方に特化して、現状を把握します。第二章では、思春期の危機がなぜ深刻化するのか、その背景を具体的な事件から分析します。第三章では、改めて現代における思春期の意味を問い直したいと思います。第四章では、新しい時代を生きるためにいかに子どもたちの「生きる力」を養成するのか、そして最後の第五章では、子どもと大人がパートナーシップで生活し、支え合うことができる「子ども市民」「地球市民」を育てるための具体的な方策を提示します。

これらを丁寧に検討し論じていくことを通して、思春期の子どもたちが、世界に通用する学力と創造力、二一世紀の今日を主体的に「生きる力」を備えた人格を完成させていくために、いま私たちに何が求められているのか、浮かび上がってくるものと確信しています。

目　次

第一章　激変する思春期の現状

——進む大人とのボーダレス化——

1　暴力を生きる子どもたち

(1)　変質する暴力

深刻化する「暴力」

激変する子どもの現状を論じる際に、「暴力」の問題は避けて通れません。

前拙著『子どもの危機をどう見るか』(二〇〇〇年)では、一九九七年以降にみられる非行の「第四のピーク期」(警察庁)における〝新しい荒れ〟について論じました。

九七年以降における〝新しい荒れ〟には、「突発型」(警察庁)あるいは「地雷型」(尾木)と称される特徴がありました。それ以前の非行とは違い、非行へのステップを徐々に踏むのではなく、いきなり殺人などの凶悪犯罪に及ぶ、いわゆる「キレる子」現象として噴出していました。突発的にキレて深刻な事件に転化するのです。またもう一つの特徴は、かつてのように勉強にもついていけない悩みや、劣悪な家庭環境などを背景とした「生活病理」現象としての非行ではないということでした。すなわち成績も家庭環境も良好な子どもたちが引き起こす、いわば

「社会病理」としての犯罪でした。

ところが、前拙著から五年余りを経た今日、事態は沈静化するどころか、一段と深刻化しています。基本的な構造は依然として変化せず、一九九七年以降の「第四の非行のピーク期」における〝新しい荒れ〟の特徴をみせながらも、その「広がり」と「一般化」が顕著になっているのです。すなわち、次のような三つの変化がみられます。

三つの変化

第一は、被害者側の変化です。被害者が、家族や友人など加害者の身近な人が多いことです。本来なら最も安心できて、気のおけない家族や友人関係に、何か重大な異変が生じているのでしょうか。両者の関係性が崩壊というよりも、むしろ敵対的関係にまで至る「関係不全の状態」が、誰にも気づかれることなく密かに進行しているのかもしれません。

このような暴力の質の変化は、子どもが「加害者」となっている場合だけではなく、「被害者」の場合にもみられます。その典型が、最近の子どもへの虐待です。

『子どもの危機をどう見るか』の中で私は、虐待する加害者層の変化を問題視しました。つまり、経済的に貧困状態にある親が生活や気持ちにゆとりが持てずに、子どもに暴力をふるってしまう、古典的ともいえる「生活病理」から発生する虐待とともに、今日のような、お互いに孤立した子育て環境のなかで精神的な不安感から、突発的に引き起こされている子どもへの暴力の問題です。富裕層にまで波及している「社会病理」としての〝新しい虐待〟が発生しはじめた問題です。高学歴で教養も豊かで、子どもに注ぐ愛情が十分あっても、ふと気づくと虐待に走っていたというケースです。これら若い母親の苦悩を、社会的にどう受けとめられるのか。いまや若い母親への一方的な批難だけで解決できる問題ではありません。社会(コミュニティ)がもつべき子育て機能の減退や、競争を煽り、自己責任ばかり問う風潮などが影響しているように考えられるからです。

いずれにしても、家族関係や友人関係そのものが機能不全状態から、もう一段高い〝敵対性〟を感じさせるレベルにまで、深刻化していることは見逃せない問題です。また、第二章でも論じますが、女児が連れ去られ殺害されてしまう事件も、最近、目立っています。これなど子どもにとっては、ある意味で大人全体が恐怖であり、それを社会が防止できないという点において〝社会的虐待〟といえます。

第二には、次の(2)項でも詳しく検証しますが、加害者の子どもたちが、多くの場合、成績が良くて「おとなしい」「無口」といった傾向を見せている点です。このことは、若者の対人関係不全と大きな関係があるのではないかと考えられます。すなわち、他人とのコミュニケーションがうまくとれず、それが、殺意に至るほどストレスを強めているともいえるのです。また、決して「おとなしい」「無口」な子どもの側だけが問題なのではなく、彼らと日常的に接触している友人や教師、親の対応の仕方が変質していることも意味しているのではないでしょうか。少年をとりまく関係が、彼らの「おとなしい」「無口」といった性格から深化していかずに、発達・成長しづらい人的環境に変化しつつあるのかもしれません。

第三には、加害者の子どもたちが起こす暴力事件の様相が、残忍で異常であるにもかかわらず、精神鑑定結果の多くが「異常とはいえない」、すなわち「フツーの子」だと認定している点です。つまり「フツーの子」による凶悪な事件ともいえるのです。もし、そうだとするなら、子どもをとりまく環境にどんな変化が起きているのか。そのことが子どもの発達にどういう影響を与えているのか。それらを慎重に検討する必要があります。どの子が加害者になっても不思議ではないからです。

ただ現段階で明言できることは、現代の子どもたち、とりわけ思春期の子どもたちは、加害・被害を含めて、暴力が横行する大変深刻な環境を生きているということです。それも、本人の責任ではなく、家庭やコミュニティとしての学校、地域の人的・構造的な変化が引き起こしているといえます。以下具体的に事件を取り上げながら検討してみましょう。

（2）　事件を起こす思春期のおとなしい子

連鎖する少年事件

最初に、二〇〇五年六月にまるで連鎖するかのように発生した、子どもたちによる事件を検討してみます。いずれも、先に述べた「三つの変化」に見事に一致します。

この連続した少年事件から、キレる背景を分析してみると、子どもたちは原因や理由もなくキレるのではないことがわかります。家族、友人、兄弟などの人間的なあり方、関わり方に関して、内在していた小さな怒りがやがて大きくふくらみ、耐え切れずに爆発する。それぐらい、当人には精神的な負担がかかっていたことが予想できます。立て続けに起きた少年事件は、次のとおりです（年齢はいずれも当時。以下同じ）。

①六月一〇日　山口県の県立高校において、高校三年生（一八歳）が、授業中の教室内に、火薬が入ったガラス瓶を投げ込む。爆発によって生徒五八人がケガ、手当てを受けた。

②六月二〇日　東京都板橋区の社員寮で、高校一年生（一五歳）が、管理人を勤める両親を鉄アレイで殴るなどして殺害。その後、電熱器にタイマーをセットし、部屋をガス爆発させた。

③六月二三日　福岡市のマンションにおいて、中学三年生（一五歳）が、自宅でけんかとなった一七歳の兄を包丁などで刺殺し、頭から浴槽に投げ込んだ。

④六月三〇日　高知県の私立高校で、二限目の授業中に、三年生（一七歳）の男子生徒がナイフで教室内の同級生を刺傷。肺に達する重傷を負わせた。

共通する特徴

これらの事件を眺めていくと加害者の子どもたちに共通してみられるいくつかの特徴が浮かび上がります。

第一には、先にも述べましたが、成績が良くて「おとなしい子」「まじめな生徒」が加害者になっているということです。

とりわけ、爆発物を投げ込んだ山口県の高三生の場合は、高校進学後、犯行前日まで無遅刻、無欠席、無早退を続けていたまじめな「皆勤生徒」でした。成績も進学校のなかで中の上レベルでした。

第二には、友だちが少なく極端に無口であるなど、日常生活の対人関係、友人関係において、コミュニケーション不全という困難を抱えていたことです。

第三には、かつてのような「誰でもいいので人を殺してみたかった」といった衝動的な無差別殺人ではないということです。いずれも、加害少年の自尊感情が被害者によりいたく踏みにじられ、そうしたいじめや虐待、暴力などを加えた相手に対する防御や反撃としての暴力や殺人事件だということです。したがって、高一の生徒が両親を惨殺後、現場をガス爆発させたことや、中三生が一七歳の兄を刺殺後もなお、頭から浴槽に投げ込み水を張るなどした、執拗で残忍な行為が意味するのは、加害者がいかに精神的に追いつめられていたのかということです。すなわち、相手に対する日常の恐怖や抑圧感がいかに大きかったのかということを示唆しているのです。

つまり、これらの事件の加害少年たちにとっては、自分を抑圧する相手が、同級生か、両親か、あるいは兄弟かという違いはあるものの、憎悪の背景や原因、自己防衛という感情は共通していたのではないでしょうか。

第四には、いずれの事件の加害少年たちも、インターネットやテレビゲームに精通していたことです。現代の子どもたちが、テレビはもとより今日の高度に発達した情報文化のなかで生活していることを私たちは、忘れてはなりません。とりわけ、インターネットに関しては、安全に使うためのリテラシーをいかに獲得させるのか、大きな課題といえます。

事件の背景を考える

これらの四つの特徴を持つ中・高校生は、全国どこにでも存在します。また、自尊感情を踏みにじられたり、親や友人とトラブルを起こしたりすることなど、家庭であれ学校であれ、決して珍しいことではありません。いかに思春期がデリケートだとはいえ、この程度のトラブルが原因で実際に凶悪犯罪が引き起こされるとは、とても考えられません。心の中で、いかに殺人への願望を抱いていたとしても、通常なら、ほとんどの子どもにとっては、妄想に終わるだけです。二、三カ月も経てば忘れてしまうものです。では、事件を起こした少年たちは、なぜそこまで自己破滅的な暴力を振るってしまったのでしょうか。

まず、あまりにも無口でまじめであったという点に注目してみたいと思います。つまり、これは「自分らしさ」を育てるアイデンティティの形成が、困難に陥っていた可能性があることを意味しているのではないでしょうか。

思春期に至ると子どもたちは、それまで依存してきた身近な大人である親や教師の支配から脱し、〝新しい自分づくり〟へと挑戦します。つまり、「これまでの自分」から脱却するために、〝自分くずし〟を試みるのです。その際、一人になるために、精神的な孤独と不安が高まります。ですから、その不安を癒すために、気の合った友だちにべったり依存します。無意識のうちにグループ化し、不安定な自分の精神を支えようとするのです。その意味では、精神的自立期の中・高生にとっては、親や教師への愚痴や悪口を腹の底から言い合える友だちの存在は、思春期の安定した成長のためには欠くことができないのです。また、一見矛盾しているようにも見えますが、反抗しているはずの大人に対しても、全幅の信頼を寄せたり、甘えたりすることもあるのです。身近な大人あるいは歴史上の人物、タレントなどが、彼らの揺れる思春期の精神的支柱の役割を果たしたり、〝新しい自分づくり〟の一つのモデルになったりするからです。

前述したように山口の少年は、三年間も、無遅刻、無欠席、無早退を貫いていました。事件の当日ですら、朝のホームルームにわずか二分遅刻しただけです。彼は、この生真面目さに執着しすぎていたのかもしれません。〝自分くずし〟が思うようにできず、逆に皆勤という、形式的な学校的価値に過度に依存することによって、自らのアイデンティティの確立を図ろうとしたのではないかと考えられます。

思春期前期(小学校高学年)から、少しずつでも、自分の思いや感情を外に表出しながら、自己形成ができていれば、もっと日常生活のなかで親や友だち、教師とぶつかり合うはずです。大人からは、「いい子」には見られないかもしれませんが、他者と対立し、嫌な思いも経験するなかで、自然に他者理解の感覚やスキルも身につき、深まるのです。相手に爆発的な暴力を行使しなくても、トラブルを穏やかにコントロールしたり、ストレスと上手に向き合ったりする方法や能力が身につくはずです。

むしろ、子ども期には適度にトラブルが起きる方が、人格形成上必要なトレーニングチャンスが得られるのです。それらが欠落した極度の「まじめさ」は、ある意味では一種の発達不全の証ともいえるのではないでしょうか。人格形成上、深刻な問題が潜んでいると考えることができるのです。

低すぎる殺人へのハードル

ただ、このように彼らの心の内を理解しようと努めても、やはり殺人へのハードルがあまりにも低すぎるという疑問が残ります。

殺害への実行を私たちの予想以上に加速させている背景の一つには、自尊感情がたくましく育っていないという問題があると考えられます。すなわち自己肯定心情がきわめて脆弱であったり、家族への愛情が欠落していたり、歪んでいたりすると、抱いた不安や憎しみは、彼らの内面世界で自立に必要不可欠な精神的葛藤へと昇華されずに、脆弱な自尊感情が傷つき、いきなり殺意の実行へと転化する可能性があります。こうして、本来は高いはずの殺人へのハードルが、いとも簡単に押し下げられているのかもしれません。

もう一つは、今日の情報化社会の影響が考えられます。すなわちインターネットの情報で爆弾を製造したり、インターネット上で殺人予告を行うなど、最近の事件にはインターネットが関わっている点が注目されます。単なる妄想を、インターネットが現実へと転化させる火付け役になっていると考えることもできます。というのは、これまでなら、心の中でどれほど相手を憎み、殺したいと思っていても、実行に移す可能性はほとんどありませんでした。なぜなら、少年一人では爆弾も、ガス爆発装置も簡単には作れなかったからです。また、犯行で失うものの大きさや自分の将来を真剣に考えれば、その殺意は単なる妄想に終わってしまうからです。

しかし、今日では、パソコンで検索すれば、たちどころにどんな情報にもアクセスすることが可能です。爆弾をつくる方法も簡単に入手できてしまいます。山口の少年の場合は現に、インターネットの情報を参考に爆弾を作成し、前日に実験まで行い成功させていたのです。

また、高知の事件では加害少年がホームページの日記で犯行をほのめかす文章を書いていました。思春期の少年が、ホームページ上に日記を公開するということは、本来ならプライベートなはずの心の揺れや殺意すら公にすることになってしまいます。そのことによって、自己の暴力性、攻撃性に共感するメッセージが寄せられ、いつの間にか殺人の実行に対する強迫観念が強まったということも考えられます。少年の日記を丁寧に読むと、見えないはずの第三者に対して、自分の心や行動を発散しているつもりが、逆にいつの間にか文面(画面)に自己規制され、書き込んだ言葉によって自分の心のコントロールが利かない状態に引きずり込まれ、現実的な殺人へと駆り立てられていく不安を感じさせるものとなっています。

ホームページでは、本人の殺人衝動の奥に潜んでいる苦悩に対して、丁寧に寄り添ってくれる人間的な共感はなかなか得られなかったことでしょう。無責任な暴力衝動を煽られることが多いのが現実です。

このようなインターネットの未知なる危険性についても、今後、研究する必要があるのではないでしょうか。これについては次節で改めて述べます。

（3）一五歳、見えぬ思春期の心と暴力

おとなしい子の事件

ここでは、先にも述べた東京都板橋区の一五歳の少年の両親殺害事件を取り上げ、思春期の発達特性とは何かという観点から検討してみます。

板橋で社員寮管理人の夫婦が殺害された事件は、日が経つにつれてその衝撃が広がっていきました。殺害の容疑者が被害者の息子で、しかも高校一年生（一五歳）であったことはもちろんですが、その殺害方法や事後の行動には、これまでにはない奇異な部分が多かったからです。ただ、それらの疑問以前に、加害少年の「おとなしい」性格と事件の残忍性との間にみられる大きな落差について考える必要があるでしょう。

最近の事件の特徴は、前述のとおり、以前から問題を起こしていたり、学校や教師の手を焼かせたり、地元警察のお世話になったりしていたという、いわゆる前科のある少年が加害者ではないという点です。

しかし、実は自分の感情をあまり表に出さないおとなしい少年だからこそ、怒りが爆発した時には、このような大惨事に至るのです。

なぜなら、もやもやとした不満など負の感情が爆発寸前の臨界圧力に達しているからです。これらの負の感情を、小出しに発散させることがなかったために、次第に爆発力が強くなっていったと考えられます。普段から問題行動を多発させている子ほど、負の感情も自在に発散しているために、内圧はそれほど高くはありません。そればかりか、事件の都度、周囲の注目を浴びたり、多くの人に叱られたりすることにより、心は確実に成長させてもらえるのです。愛情を注がれるばかりか、怒りの感情の処理方法についても教えられることになります。こうして「上手な怒り方」を徐々に身につけていくことができるのです。したがって、普段から目立つ子ほど、ある意味では凶悪事件の心配はなく、安心ともいえます。

こう考えると、おとなしい子は逆に心配になります。感情をあまり表に出さないだけで、内面においては喜怒哀楽の感情を活発な子どもと同じように持っているからです。ただ外には表出させないで、内に秘めているだけの違いであるという点を、私たちはもっと認識すべきです。

さらに、この事件の背景について考えてみます。

背景を考える

まず供述によると、父親に寮の仕事の多くを手伝わされて、日常的に不満を募らせていたようです。そのために友人をつくりづらかったり、犯行の前日には、父親から「お前は頭が悪い」と畳に頭を押しつけられたりしていたようです。供述から推察できる点は、これらの対応が思春期という特別な発達期における心理的特徴に大きく影響したのではないかということです。

心の中も生活態度も、親や教師、社会規範に対してきわめて懐疑的になり、反抗するのが思春期です。この自立期には、父親から受けたこれらの暴力や暴言ほど、少年の自尊心を深く傷つける行為はありません。反抗心や自立願望の証拠として、思春期の子どもたちの内的世界には、強烈な自尊心が芽生えています。その大切な自尊心を傷つけ、踏みにじり、壊されることは、形成しようとしていた少年のアイデンティティを全否定することにつながりかねません。したがって、自己を守るためには、アイデンティティの形成を妨害する眼前の父親を殺害してでも、抑圧を取り除くしかないと思い込んだ可能性が高いのです。

また、先に述べたように思春期には、自立という概念とは正反対の「依存」願望が少年たちの心の中に激しく渦巻いています。この依存対象は多くの場合は友だちです。ところが、少年は親の仕事の都合で引越しを繰り返し、自宅が社員寮兼親の職場でもあったために自宅に友だちを招くことができず、友だちをつくりづらい状況にありました。このように思春期の「依存」すべき対象の大切な友だちづくりが思うように進まなかったことも、父親への不満を募らせた要因の一つではなかったのでしょうか。

さらに少年は、事件後数日経っても、反省の涙すら見せませんでした。これは大切な両親を失ったにもかかわらず、彼がまだその喪失感を実感できていなかった証明でもあります。つまり、悲しみや、おののきの涙を流させるはずの親子の情愛が、空洞化していた可能性がありま
す。

こうしていくつかの気になる点を眺めてくると、これらの特徴は何もこの少年だけに特有のものとはいえません。同じような家庭環境に置かれれば、誰でもこの少年と同様の怒りを爆発させるかもしれません。

本件は、家族関係さえ自然体で営めなくなりつつある現代社会に対するSOSととらえるべきでしょう。私たちは、家族関係とその家族を支えるコミュニティのあり方について、根本から考え直す必要に迫られているようです。

(4) 小学校の荒れをどう見るか

過去最多の「暴力行為」

二〇〇五年九月二二日、文部科学省の発表により小学校における「暴力行為」が一九九七年

の調査開始以来、過去最多を示していることが明らかになりました。

「先生相手急増」(朝日新聞)、「小学校の校内暴力最悪――一八％増一八九〇件、対教師三二％増」(日本経済新聞)、「「キレる小学生」突出」(毎日新聞)、「指導にキレる――先生「子供が分からない」」(読売新聞)。これらの大きな見出しが、各紙の一面や三面トップに掲載されました。実態はどうなのでしょうか。また、問題の背景や本質、解決策は何か、検証する必要があります。

荒れの実態

注目すべきは、暴力行為が中・高生では減少しているにもかかわらず、小学生では二〇〇三年から急に二年連続で増加していることです(図1-1参照)。小学校の暴力で最も多かったのは、児童間暴力(九九二件)で、全体(一八九〇件)の約半分を占めています。教師への暴力は三三六件(二〇〇二年、二五三件)で、三三％増と目立っています。また、小学生の校外での対人暴力も七四件(同、五五件)で、約三五％の大幅増となっています。荒れの形態別事例では、次のように報告されています。

〈対教師暴力の例〉

・あいさつについて学級担任が指導したところ暴言を吐き、いきなり殴りかかろうとしたため腕を押さえたが担任を蹴った。（五年男子）
・運動会の練習中、教師の指示に反発して教師を蹴った。（六年男子）

〈児童間暴力の例〉
・些細なことからケンカになり、同級生男子の額を膝蹴りした。（六年男子）
・悪口を言われたと勘違いし、小一男子の顔面を殴った。（三年男子）

〈学校の設備などの器物損壊の例〉
・休み時間に遊んでいた際に、友だちとの意見の食い違いから不機嫌になり校舎の窓ガラスを割った。（六年男子）
・授業中、教師が着席するように指示したところ、怒って教室の窓ガラスを割った。（三年男子）

〈教師や児童以外の対人暴力の例〉
・放課後他学区の公園で遊んでいたところ、他校の児童にからかわれ、そのうち一人を投げ飛ばし、頭部に擦過傷を負わせた。（五年男子）

これらの例をよく眺めると、行為そのものには問題があるものの、どの例も暴力に至った心理や背景は理解できます。ちょっとした「早合点」や「忍耐力のなさ」、あるいは未熟なるが故の「コミュニケーション不全」などが、背景に見え隠れしています。それにしても、なぜこのような荒れが急に小学生に拡大しはじめたのでしょうか。

文部科学省は、「校内暴力やいじめが増えた理由は不明」といいます。各県教育委員会は、「忍耐力不足、人間関係を築けない、規範意識の乏しさ、家庭環境の乱れ、ストレスの増加」などを理由に挙げています。確かに、忍耐力不足や人間関係不全などを、暴力の背景として考えることは不自然ではありません。しかし、それでは、二〇〇三年度から急激に増加した理由の説明には、なりません。これまで減り続けていた数値が、ある年度から急に増加に転じたとすれば、その年度固有の特徴は何かについて読み解かなければなりません。

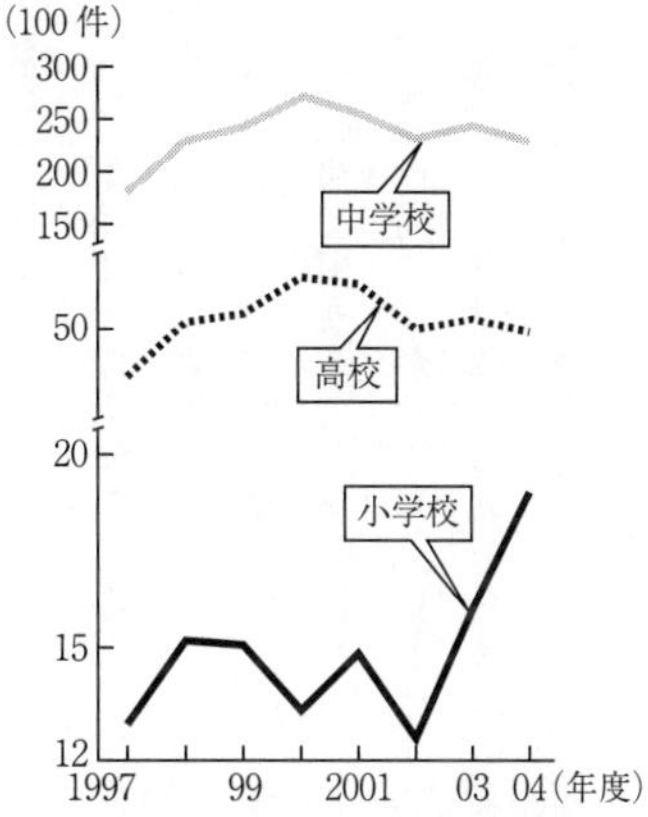

(文部科学省調査)

図 1-1　校内暴力の発生件数

「教育改革」の嵐

では、二〇〇三年あたりからどうして、前述のように小学生の暴力が増えはじめたのでしょうか。二〇〇四年前後に、教育界ではどのような変化があったのかをみる必要があります。

第二章第1節でも詳しく論じますが、二〇〇二年の「学校五日制」と新学習指導要領の実施に際しての諸問題を抜きには、今日の小学生の急激な変化を正確にとらえることはできません。すなわち、学習時間の減少に対応させた、学習内容の「三割削減」といった言葉は、「学力低下」批判と相乗効果を発揮して学力不安を煽ることになりました。その結果、子どもたちはあっという間に、かつての「詰め込み」学習の世界へと引き戻されてしまったのです。

また「教育改革」の名のもとにさまざまな新しい方法や制度が次々に導入されています。目まぐるしく変更される教育様式は、単なる大人の都合による〝実験〟に見えてしまいます。

思春期のストレスは危機的状況

これでは、子どもに〝悪性のストレス〟が引き起こされても当然です。とりわけ、幼い小学生への負担は深刻です。子どもたちの心の揺らぎは、ストレートに友だち間の暴力として発散され、あるいは学力向上目的に宿題ばかり課す教師に向けられたとしても、少しも不思議ではありません。こうした形ばかりの教育改革も、小学生の暴力が急増した背景の一因だと考えられます。

二〇〇二年度の新学習指導要領の実施から、まだわずか数年です。私は、これらの弊害がそのうち現れるのではないかと懸念していました。やはり、小さな子どもたちが示す反応は、「率直」だと思います。

このように暴力の背景が理解できれば、「じっくり判断する力」や「コミュニケーション・スキル」あるいは「忍耐の仕方」などの、具体的な対応マニュアルを、子どもたちに身につけさせればよい、という問題ではないことがわかります。

むしろ、それらの能力がいつの間にか身につき、発揮できるような教室空間や友人関係、親子関係、教師との関係などを、私たち大人の側がいかに豊かに整備できるかどうかが問われているのです。このような人的、物理的環境整備をこそ最優先させるべきでしょう。小手先の心理操作やストレスへの対応、スキルの習得に頼りすぎないことが肝要です。

虐待、学級崩壊、不登校……

公立小学校の四分の一が「児童が家庭で虐待を受けている事実を把握した」と回答していることが、初の全国調査の結果、判明しました（全国の公立小学校四七〇校対象、二〇〇四年七〜八月調査、全国連合小学校校長会実施）。

それによると、児童が虐待を受けた事実を把握した小学校は一二〇校、一八二件で、全体の二六％に当たります。虐待の種類は一位が「保護の怠慢・拒否」で四六％、二位が「身体的虐待」で四一％となっています。担任が気づいたケースが七〇件（三八％）と比較的多いものの、「児童本人からの相談」はわずかに一七件（九％）にすぎません。

しかし、実際にはもっと多いと推測できます。なぜなら、全国の児童相談所が二〇〇四年度に応対した児童虐待に関する相談は、三万三四〇八件と、二〇〇三年度より二五・七％増と過去最多になっているからです。データを取り始めた一九九〇年度が一一〇一件ですから、なんと三〇倍も増えています。虐待の種別では、身体的虐待が全体の四四・五％、保護者の怠慢・育児放棄（ネグレクト）は三六・七％、心理的虐待は一五・六％、性的虐待が三・一％となっています。

改正された児童虐待防止法（二〇〇四年一〇月一日施行）では、学校の教師には、子どもの虐待の通知義務が求められています。アメリカのように罰則が課せられていないとはいえ、子どもたちを虐待から守る教師の鋭い眼差しが要求されているのです。二〇〇五年一一月に、一八年間も自室に幽閉され、小・中の義務教育を一日も受けていなかった女性が大阪で発見されましたが、このようなケースはあってはならないのです。虐待が疑われるときは、学校が自分たちで抱え込むのではなく、専門機関と連携をとり、協力・共同して救出することが求められているのです。

ところで「学級崩壊」（「集団教育が成立しない状況が一定期間続き、担任では解決できない状態」と定義して調査）は、メディアなどではすでに下火になった感さえあります。しかし、先の全国連合小学校校長会の調査では、回答した四六八校、一一二三学級中、八一校（一七％）、一五二学級（一三％）にも及んでいます。これまでひと桁台で推移してきた点を考えると、明らかに学級崩壊は増加傾向にあります。

このように、家庭では虐待、学校ではいじめや学級崩壊という環境では、児童間暴力が増えるのも理解できます。今日の小学生の荒れは、家庭でも学校でも、子どもたちが生きづらくなった叫びとして受けとめるべきではないでしょうか。

不登校が二〇〇四年度に「三年連続減少」（前年度より二九〇〇人減。「学校基本調査」文部科学省、二〇〇五年八月発表）したとはいえ、少子化で児童・生徒数が大幅に減るなかでは、当然のことです。発生率では、中学校は二・七三％（三七人に一人）で変わらず、小学校でも〇・三二％（三〇九人に一人）で、前年度比わずか〇・〇一ポイント減に過ぎません。

文部科学省をはじめ、全国各自治体が、不登校を減らすために数値目標まで掲げて取り組んだ結果として考えると、増加傾向に「歯止めがかかった」（国立教育政策研究所）とか、「適応指導教室の充実などさまざまな施策の効果」（文部科学省児童生徒課）などと楽天的な評価はできません。

2　ネット社会と思春期

（1）　子どもとネット

急速な技術革新と普及

ここ数年の携帯電話（ケータイ）の急速な普及は、子どもたちにも大きな影響を与え、時には深刻な事態を招いています。

二〇〇五年六月段階では、携帯電話の契約数は九二五五万世帯にも達しています。しかも、メール、インターネットをはじめ、カメラ、音楽配信、ナビゲーション、テレビ視聴、テレビ電話、ゲーム、電子マネー、定期券・乗車券などなど、さまざまな機能を備え、ビジネス、プライベートなどあらゆる場面で利用されています。

パソコンの代わりにケータイを利用している人もたくさんいます。二〇〇五年三月から開始された「ブログ」（web log（ウェブ・ログ＝インターネットの日記）の略）は、すでに一〇〇万サイトを超えています。サイトの作成も簡単なら内容の更新も容易です。ネットの初心者でも次々と発信しつつあります。

「ケータイ読書」も広がりをみせています。出版社も携帯電話用に編集した「文芸誌」を次々に立ち上げています。音楽やゲームなどと並ぶ有力なコンテンツに成長するのは時間の問題かもしれません。

さらにケータイに問題集や参考書をダウンロードして、画面上で勉強できるサービスが大手出版社と受験塾の協同で開始されました（二〇〇五年六月）。子どもの塾通いにケータイを持参させ、安全対策上活用する親が増えたことに着目したようです。不安社会に対応して自己防衛する親子を取りこむ企業のしたたかさには舌を巻かざるをえません。わが子の学力レベルまでチェックできる「全国テスト」のページまで設けるといいますから、〝時代〟の変化に敏感です。

都内の中学校の場合

では、このような日本社会全体のＩＴ化のなかで、子どもたちの生活はどのような影響を受けているのでしょうか。都内のある中学校のアンケート調査と、その分析結果を参考に考えてみます（二〇〇四年実施、一年生一二〇人、二年生一三〇人、三年生一一五人）。調査の結果、以下のような特徴が判明しました。

・携帯電話は全体で六割弱の生徒が所持している。また、男子は高学年になるほど所持率が高い(三年六一%、二年五一%、一年二七%)。男子全体では五割弱。女子は学年を問わず七割前後の高所持率である。

・携帯電話の使用料金については、高学年になるほど高額(五〇〇〇〜八〇〇〇円)になり、その料金は保護者が負担し、自分のこづかいから負担している生徒は二割にも満たない。また、携帯電話を所持している生徒の二割は使用上のマナーを知らないと答えている。

・携帯電話の使用で「嫌な思いをした」生徒は全体で五割弱。

・「見知らぬ人とメールのやりとりをした」ことのある生徒は、三年＝男子が三八・四%・女子が六〇%、二年＝男子が三四・三%・女子が五一・五%、一年＝男子が一八・三%・女子が二二・七%で、各学年とも予想以上に高く、男子よりも女子の方が多い。
また、携帯電話で知り合った人と直接会ったことのある生徒は、三年＝男子が一名・女子が五名、二年＝男子が一名・女子が三名、一年＝男子が二名・女子が一名で、こちらも高学年になるほど女子の方が多いことがわかる。

・インターネットについては、生徒の六割がインターネットが使えるパソコンが家にあると答え、その九割弱の生徒が家庭でインターネットを使用している。

・インターネットを使う目的は、「調べ学習」(九四%)の割合が多いが、次に「メール」「チャット」「ネットオークション」と続く。その他には、ゲームや音楽のダウンロード、スポーツ情報の活用などがあげられた。

・ネット上でメールやチャットで交友関係を広げる生徒も、高学年になるほど多いという傾向がうかがえる。

・自分のホームページを持っている生徒については一年生（男子三名、女子六名）が多い。

・困ったときの内容とは以下のとおりである。

「出会い系メールが多くくる」「知らない人からのメールがくる」「非通知で電話がかかってくる」「知らない人からかかってくる」「チェーンメールで迷惑メールを送っている人がいる」「いたずら電話、メールがはいる」「非通知でワンギリがきたりする」「アドレスを変えても迷惑メールがくる」

以上をまとめて、学校は次のように問題点をあげています。どれも学校現場の新しい悩みや困難がにじみ出ています。

〈問題点〉

①生活習慣の乱れ　長時間利用による寝不足→遅刻登校、高額の通話料→金銭感覚の欠如。

②友人とのトラブル　メールによる仲間からの誹謗、中傷→いじめ→不登校。
③誤った性の理解　アダルト系サイト。
④犯罪に巻き込まれる可能性　出会い系サイト、チェーンメール。出会い系サイトで見知らぬ人と会うケースが多くなっている。
⑤学校不信　一部の生徒がインターネット上で学校や教師に対する誹謗、中傷を公開することにより、学校（教員）に対する不信感を持たせる。

ケータイの問題点

先のアンケート結果から、学校はいまどのような困難に陥っているのか、具体的な問題点がイメージできます。

第一には、女子にいたっては、七割が所持しているなど、もはや中学生とケータイは、切っても切れない関係になっているということです。「持たせない運動」といった対応は、あまりにも非現実的です。

第二は、月々のこづかいの三倍以上もの使用料を使っており、中学生にしては、きわめて不健全であることです。

第三には、「見知らぬ人とのメールのやりとり」を経験した比率が予想以上に高いことです。

中三女子では六割にも達しており、うち五名が直接会っています。あまりにも軽率といわざるをえません。

第四には、ケータイの使用で「嫌な思いをした」生徒が、五割近くにも達しています。具体例をみると、「出会い系メール」や「チェーンメール」が多いようですが、メールやチャットで交友関係を広げられる反面、誹謗、中傷などのトラブルに巻き込まれる危険が予想されます。すでに、いじめや不登校の一因にもなっています。また、学校側も心配しているように、ゆがんだ異性観や性を商品化する感覚が、子どもたちに浸透しないか懸念されます。

第五には、「学校」に関連するネット上の掲示板をみると、その内容は、子どもたちの学校と教師に対する不信感を助長しそうなものばかりです。教育上、大きなマイナスといわざるをえません。

若者のケータイ依存

ケータイは、いまや大人にとっても欠くことのできないツール(道具)になっています。ところが、読売新聞社の世論調査では、世代間における意識の差が大きいことがうかがえます(全国二五〇地点、三〇〇〇人対象、回収一八二五人。回収率六〇・八%、二〇〇五年七月九・一〇日調査)。

携帯電話を持つ人は、二十代から四十代で九割を超え、六十代でも五一%と半数を占めています。とりわけ、若い二十代では九八％にも達し、ほぼ全員が所持しています。

しかも、この年代はケータイへの依存度がきわめて高いことも判明しています。「携帯電話のない生活は考えられない」は四九％に達しています。七十代の一・六％は別としても、三十代の二九・一％と比較しても、その突出した依存ぶりがわかります。

携帯電話の所持率と依存度がここまで高くなると、人とのコミュニケーションの成り立ちやあり方、子ども・青年の心理や人格形成に与える影響などは、これまでとはまったく違った新しいものがあるのではないかと考えられます。

コミュニケーションの新しいあり方を示すものとして、まず第一に、ケータイはかつてのように単なる通信手段ではなくなった点があげられます。電話機として耳にあてて話す若者の姿は、最近ではほとんど見かけません。片手に持って、メールを打つ姿ばかり目につきます。

メールを打つことやメールアドレスを交換したり、ケータイの番号を教え合う行為は、単なる連絡手段の伝達や確認ではありません。いまや、それだけ相手を信頼していること、心を許している証となっています。レスポンスの時差や回数で、相手との親密度をはかることができるのです。すなわち「人間関係のスケール」と化しているのです。メールアドレスを交換する行為によって、お互いの親密感を高めることができるのです。その意味では、ケータイは、今日では友だちづくりの重要なツールでもあるのです。

ケータイでの交信には、人間関係が反映されます。ケータイは、昔の家庭における電話のように「留守」を知りません。かつては、呼び出し音が一〇回以上も続けば、不在を予測し、また別の機会にかけ直すだけでした。

しかし、いまは違います。ケータイに出なければ、相手が受けとりたくないのかもしれないと勘ぐることもあります。なぜなら、移動中でも会議中でも〝身につけている〟のがケータイの所持スタイルだからです。おまけに、ディスプレイには、発信者の名前と番号まで表示されます。すべての情報を知り尽くしたうえでの「受信拒否」と受けとめられかねません。メールの送受信に関しても同様です。メールは、電話以上に送受信に場所と時間を選びません。会議中でも授業中でも、食事中でも、いつでもどこでも対応することが可能です。

ですから、メールの交換回数が多ければ多いほど、それだけ二人の関係は濃密であることを物語っています。また、レスポンスの良し悪しも、親密度のバロメーターとなるようです。送信するや否や返信がくると、うれしくなります。それだけ、自分のことを大切に考えているからこそ急いで返信したと思えるからです。その意味では、リアルタイムで生活を共にしている家族以上に、交流する時間や回数が多く、相手への依存度も高くなっていくのです。つまり、家族以上に「ケータイフレンド」との時間や空間を共有しているのです。恋人関係にある男女間であれば、ほとんど「心理的同棲」と呼べるような濃密な状態です。

高校生では、一日四時間以上もケータイを利用する者は、三〇・七％にも達しています（「高校生の学習意識と日常生活——日本・アメリカ・中国の三ヶ国比較」日本青少年研究所、二〇〇四年実施、二〇〇五年三月発表）。アメリカの一〇・五％、中国の三・六％と比べると、その異様な高さに、依存度の深刻さが理解されることでしょう。

これでは、自宅でほとんど勉強しない高校生が四五・〇％（同前）にも及んでいるのも頷けます。これもまた、アメリカの一五・四％、中国の八・一％と比べると突出しているのです。

では、日常生活のなかで、どのようにメールに依存しているのでしょうか、二〇〇三年の内閣府の調査を基に、ここに再現してみます。

メールとともに

高校一年生のA子は、友だちとのメールのやりとりを、一日に二〇〇回はこなしています。ですから使用料金は二、三万円もします。

まず、朝起きると、ベッドサイドに置いたケータイを寝巻き代わりのジャージのポケットに突っこみます。歯みがきしながら左手で、眠っていた間に届いているメールのチェックです。

「なんだ、迷惑メールばかりか」

チェッと舌を鳴らしながら、一〇件ぐらいの迷惑メールを一気に消去。口をすすいで、顔を洗い終わるや、左手の親指がせわしなく動きます。

「お早よぉ～☀ 今、起きたよ☺」

同級生に送信すると「今、家を出るところ。学校近い子はいいな」と、すぐさま返信されてきました。

このバイブレーションの感触がたまらないようです。その震動に触れると、まるで〝友情の証〟ではないかと思えるほど、体全体が安心感に包まれるというのです。

これまでなら、家族と気楽に交わしていた、どうでもいいような内容のない「会話」が、いまでは液晶ディスプレイ上で友だち間を飛び交います。高一ともなると、家族が全員揃って朝食や夕食をとれるのは、月に四、五回あるかないかでしょうか。〝家族の食卓〟風景は、もうほとんど崩壊しているのです。こうして一人であろうが、家族との食事中であろうが、親指は動くことをやめません。

メール依存の問題点

子どもたちのメール依存度をチェックしてみたいと思います。次の五項目のうちいくつ該当するでしょうか。

・どこに移動するにも、たとえ家の中であっても、肌身離さず持っている。持っていないと不安である（入浴時やトイレにも持参する）。
・友だちと会っている時、他人と会話をしている時でも、着信があると、すぐに画面を見たり、返信を打たないと落ち着かない。
・授業中でも学生服の上着の内ポケットやズボンのポケットに入れておかないと落ち着かない。
・就寝時には、ベッドサイドに置くか、手のひらに握ったまま休む。
・友だちにメールを送信したのに、一〇分過ぎても返信が来ないと不安。

とりわけ思春期は、親や教師の権威を否定して自立しようとする時期だけに、友だちに依存したくなるのは普通の心理状態です。メールはいつでも交換できるだけに、依存度を強めやすいのです。このこと自体は、否定されるべきことでもないし、不安に感じる必要もないでしょう。

ただ、ケータイはバーチャルであること、すなわち画面上の文字を通した表現伝達方法であることが特徴です。いかに絵文字を多用しても、対面しアイコンタクトを取りながら、心を交わせる実際のコミュニケーションとは、異なっているのです。ですから、一日に二〇〇回ものメール交換を行うような状況でも、必ず対面交流の重要性を忘れないことです。

このようにメールでのコミュニケーションは限定されたものです。にもかかわらずそこに依存し、コミュニケーション本来の機能をゆだねすぎると、思わぬ落とし穴が待ち構えているのではないでしょうか。

ケータイメールの利用状況を国際比較した内閣府の調査では、「頻繁に使う」という回答は、日本が五七・七％でトップです。韓国は五〇・四％、アメリカは一七・三％です。ケータイ不所持は、日本が三・六％に対して、アメリカは二七・六％となっています（「世界青年意識調査」二〇〇三年、一八～二四歳一〇〇〇人対象）。ここでも日本の突出ぶりが明らかです。

（2）　子どものネット被害の実態

ネットによる集団自殺

小・中・高のどの段階でも、子どもたちはネットの被害者になっています。被害の事例には次のようなものがあります。

・自殺サイトに呼び出され、命を落としたり殺人事件の被害者になる。
・ポルノ迷惑メール、ワンクリック詐欺にあう。
・出会い系サイトなどで性的な被害を受ける。

とりわけ、インターネットが介在した集団自殺事件が多発しています(二〇〇五年の一年間だけでも、三四件、九一人死亡。前年比、一五件、三六人増。警察庁調べ)。最近では、中・高生まで巻き込まれるケースが出てきたことは憂慮すべき事態です。

たとえば二〇〇五年二月に、栃木県で福岡県生まれの男性会社員(四一歳)と北海道の短大一年男子学生(一九歳)、神奈川県の中学二年女子生徒(一四歳)が、集団自殺した事件はその典型です。女子中学生の「自殺ほう助」罪で、死亡した二人は書類送検されています。ようやくこの事件が、ネット自殺は違法行為であるとの新たな警鐘を鳴らす契機になったようです。

死亡した中二女子生徒が、インターネットの掲示板に「一緒に死んでくれる人を探しています」と呼びかけたことが、そもそものきっかけになったようです。そこで男性二人が乗用車や練炭を用意して、実行に及んだと警察はみています。

そもそも、思春期の中学生が自分の生に疑問を抱いたり、死を美化する誘惑にかられたりすることは、その発達的特性からは、ある意味では当然のことです。本来なら、その悩みや迷いを受けとめ、読書を薦めたりしながら、自己認識を深めさせ、自我の形成を背後からサポートするのが大人の役割です。むろん、サイトのなかには、自殺願望者の救済を目的とするものも多数あり、単純に自殺サイトを規制すれば問題が解決するわけではありません。

ところが、この事件のように、自我に目覚め、自分も未来も見えなくなって不安の只中にほ

う り込まれた中・高生の「思春期特性」を悪用し、自らの自殺仲間に取り込んでしまうという行為は、反社会的で許されません。発達途上にいるすべての子どもにとっての〝敵〟といえます。

自殺志願者がインターネット上の自殺を誘う書き込みを読むと、それによって自殺への思いを強めることになるようです。志願者同士が集まると、死への「同調圧力」が強化されるようです。その意味では、オーストラリアのように、自殺を促す関連サイトの管理者を、処罰する法律を導入することも検討すべきかもしれません。

大人の自殺者に関しても、初めから生きることをあきらめている人など存在しません。生きることが苦しくなる状況こそ、自殺志願の背景であり、救済すべき公的機関が機能していないために、ネットに救いを求めて、自殺に至っているのではないでしょうか。相談機関の設置や対応できる専門家の育成など、社会全体で早急に手を打つべき時期です。

出会い系サイト

出会い系サイトについては、被害が広がっており、大きな社会問題となっていることはご承知のとおりです。

たとえば、二〇〇四年上半期(一〜六月)に限定して見ても、出会い系サイトを使った事件の検挙総数は七八五件です。そのうち、児童買春事件は、前年同期より一四％も増加し、三七一件に上っています。二〇〇三年九月に出会い系サイト規制法が施行されましたが、依然として同サイトが買春目的で利用されていることがわかります。

ちなみに、〇五年上半期の検挙総数は七五件減少して七一〇件、児童買春事件は七二件減少して二九九件となっています。しかし、青少年保護育成条例違反は、四七件増加で二一〇件に上っており、厳しい状況が続いています。架空出会い系も最近では目立ち、一つのグループで一〇〇以上のサイトを開設している場合もあります。一万人から約一〇億円もだましとって警察の摘発にあった例もあります。

いずれにしても、小手先の整備では、根本的な解決は困難であることがはっきりしています。

迷惑メール、詐欺メール

出会い系サイトや成人向けのアダルトサイト関連が大半を占める迷惑メール。いくら削除しても一方的にパソコンや携帯電話に送信されてきます。ＮＴＴドコモだけでも、携帯電話を通して送受信されるメールは、一日に一〇億通(二〇〇四年)ともいわれます。しかし、うち九億通は「宛先不明」などで相手に届かず、そのほとんどは迷惑メールだとみなされています。苦情だけでも、たとえば二〇〇一年六月には一四万件に上るとのことです。

わいせつ画像が子どもたちに届くという被害もあれば、二〇〇四年以降急速に増加したのが、「振り込め詐欺」のメール版です。振り込め詐欺は、身内(子ども)の交通事故の示談金の相談や多重債務者に嘘の融資話を持ちかけ、銀行からすぐに振り込むように指示するものです。それをメールで行う手法が登場しています。少年が加害側にまわる例も珍しくありません。

また中・高生に被害が拡大しているのが、「ワンクリック詐欺」です。インターネットを利用しているうちに、アダルトサイトなどにつながってしまい、どこかをクリックしただけでいきなり画面に「入会ありがとうございます。会員登録が完了しました。パスワードは090－××××－××××です。五日以内に二万五〇〇〇円お支払い下さい。期日をすぎると違約金として五万円発生し……」などと、こちらの個人情報がわかっているかのように電話番号を表示し、逃げられないと思い込ませます。多くの中・高生は、アダルトサイトに接続してしまったという「うしろめたさ」に襲われ、家族や学校にも相談しづらいようです。そういう心理を巧みに突いたものといえます。「職場にばらす」「家に押しかける」「その調査費から交通費すべてはあなたが負担することになる」「金融機関提携の個人信用情報機関に事故情報として貴殿の契約者情報を提供します」などと、一部法律用語まで交えながら携帯番号や銀行口座の番号入力を促し、執拗に強迫してくるのです。警察庁調べでは、二〇〇五年一、二月だけで「ワンクリック詐欺」などの架空請求詐欺は、八一九件、被害総額八億円に上っています。

電子商取引上、事業者は消費者の意思の確認画面を設定することが法律（特定電子メール送信適正化法〈迷惑メール規制法〉）で規定されており、契約内容を承認してクリックしたのでない場合は、契約は成立していません。したがって、そのまま放置してもよいのです。警察庁も「画面に表示される携帯やパソコンの個体識別番号やメールアドレスなどが事実でも、個人情報が漏れることはない」とアドバイスしています。全国の中学・高校でも、ようやく、これら「ワンクリック詐欺」への警戒を呼びかけるポスターを、廊下などに掲示するようになりました。しかし、まだまだ抽象的な表現で、子どもたちを危険から救う力になりえていないようです。

しかも、業者は次々と手口を変えます。法律の規制外のショートメッセージ・サービス（SMS）を使い、友人の名前を騙《かた》ってメールを送信。信用してクリックすると、いきなり「登録されました」「五万円請求する」などのメールが届くといった「友人メール詐欺」などの、新手の手口が登場しています。いわば、規制とのイタチごっこ状態といえます。

大人とボーダレスで進むこれらの「情報犯罪」の渦中に、子どもたちは次々とほうり込まれ、おぼれそうになっているのが現状です。

国民生活センターのまとめによれば、小学生から高校生までのネット関連被害の相談件数は、二〇〇二年度が約一万四〇〇〇件。三年前の四・六倍に急増しており深刻な事態です（「子どもの消費者トラブルの現状と特徴」二〇〇三年）。

第二章　「思春期の危機」はなぜ深刻化するのか

——今日的特性を考える——

1 「危機」を加速させた「学力低下」批判

(1) 学力の二極化

「学力低下」批判の実態

前章で述べたように子どもをとりまく環境が激変するなかで、「思春期の危機」はより深刻化しています。この章では「思春期の危機」を深刻化させている背景を探ってみます。

学校臨床の立場から見ると、「学力低下」批判に基づく「対策」も、「思春期の危機」を強力に後押ししている要因の一つです。むろん、それらの対策が事実に基づいた科学的で総合的なものであれば、子どもの発達と日本の将来にとって有益であることはいうまでもありません。

しかし、これが学力向上には結びつかず、むしろ学力向上に名を借りた、能力の「早期分別」や多くの子どもへの抑圧、教師の多忙化へと作用してしまっているのです。したがって教育は破壊され、近い将来、日本社会を教育の領域から構造的に階層化しかねない危機をはらんでいるのです。学力向上「対策」の丁寧な検討が必要です。

今回の学力低下論は、一九九二年頃から一部の大学人によって、大学生の学力不足問題として論じられたのがきっかけです。ところが、九八年秋ごろになると、事態は急変しました。なぜなら二〇〇二年四月から学習内容が三割削減されるうえに、学校完全五日制の実施によって授業時数も減少になるという「ゆとり」教育に基づく学習指導要領の改訂が発表され(一九九八年一二月)、その実施が目前に迫ってきたからです。これでは、小・中の義務教育課程における学力低下は避けられないのではないか、という懸念がマスメディアを媒介して国民の間に広がる結果となりました。

その証拠に二〇〇二年一月には、当時の遠山文部科学大臣によって、四月からの新学習指導要領実施の直前にもかかわらず、それを手直しした内容の「学びのすすめ」というアピール文が発表される異例の事態になりました。このようなことは、戦後六回の学習指導要領改訂のなかでも、初めてのことです。これは、四月からの新学習指導要領は、決して「ゆとり教育」ではなく、基礎・基本の力を重視した「確かな学力」の育成につとめることを国民に約束した内容でした。むろん、学力低下批判をかわすための政治的アピールであった点は否定できません。

アピールは、読めて、書けて、計算できる「基礎学力」の育成のために、宿題の奨励、諸検定のすすめ、補習の実施、読書のすすめなどきわめて具体的でわかりやすい内容でした。しかも、「基礎学力」が不要であると考える教師はいませんから、これを受けて朝読書運動や諸検定の奨励が全国に一気に広がる結果になったのです。世の中には不況ムードが濃く、どこもリストラと競争で厳しい雰囲気に満ちていました。そこに「ゆとり」「五日制」などというゆったりとしたスローガンや制度の提案は、馴染まなかったのかもしれません。こうして深く考えられることもなく、「ゆとり教育」バッシングや子どもと教育のあり方に対する批判が開始されたのです。

「学力低下」の衝撃

その後も、三割削減した学習内容を部分的に復活させた「発展」篇の学習教材の作成など、文部行政も世論の批判に応えるべく目に見える形での政策転換を行いました。しかし、事態はOECDによる「PISA学力調査」(PISA=Program for International Student Assessment　世界四一カ国・地域参加、二〇〇三年実施)の結果発表によってさらに急展開することになります。

「「学力トップ」陥落の衝撃」(朝日新聞)、「日本、学力大幅に低下」(日本経済新聞)、「読解力急低下」(読売新聞)などと、二〇〇四年一二月七日付の各紙には、刺激的な見出しが躍りました。「読解力　八位→一四位」「数学的応用力　一位→六位」「文科省　トップ水準と言えず」(以上、日本経済新聞)などの報道が相次ぎました。「科学的応用力(Scientific Literacy)」が、前回と同様の二位だったり、「問題解決能力(Problem Solving)」も前回と同様の水準を維持していた点などには触れられずに、落ち幅の大きい科目のみ大きく報道されたのです。順位に偏ったマスコミの報道姿勢には疑問が残るものの、確かに順位そのものを落しただけではありませんでした。「読解力(Reading Literacy)」などは、前回(二〇〇〇年)の五二二点と比べると、四九八点と参加四一カ国・地域の中で、最大の下落幅を示したことも事実です。また、各国の平均値の五〇〇点にも届いていません。順位の下落だけでなく、絶対値そのものも低下傾向にあったことは否めませんでした。

文部科学省もよほど動揺したとみえます。手際よく次のような「今後の取り組み」と題した方策を打ち出したのです。すなわち、①基礎基本の徹底、②思考力、判断力などを含む「確かな学力」の育成、③世界トップレベルの学力を二〇〇六年秋までに目指す、と発表したのです。

しかし、問題の本質は順位や点数の低下にあるのではありません。実は、構造的な背景にある「学力の二極化」こそが、最大の問題なのです。学力の低位層の人数が多ければ、平均値を引き下げるばかりか、学習意欲や教科への興味・関心、果ては学校生活など、ほとんどすべての調査項目に負の要因として波及するからです。日本における「学力低下」の根本的な問題はここにこそあるのです。

学力低位層が急増

この問題について、「読解力」を例に検討してみます。

日本は、前回の二〇〇〇年、OECDが実施するPISA調査において、基本的な知識・技能をほとんど身につけていないとされる「1未満」の生徒(一五歳)は、わずかに二・七%(OECD平均は六・二%)しかいませんでした。ところが二〇〇三年の調査では、参加四一カ国・地域の平均値六・七%をも上まわる七・四%も占めたのです。「1」を加えて、「下位グループ」として括ると、前回の一〇%から一九%へと二倍近くに急増しています。また、さらに「2」を加えて、「3未満」の「学力が普通より劣る層」としてとらえると、なんと三九・九%と四割弱にも達していたのです。ちなみに読解力一位のフィンランドでは、「1未満」はわずかに一・一%、「1」と「2」を加えた「普通以下」では二〇・三%、と日本の約二分の一にすぎません。前回の調査では、日本もフィンランドも数値に大きな開きがなかった点を考えると、いかに、日本では低学力層が拡大したかは明白です。

上下それぞれ二五%に位置する生徒の得点差も、ドイツ、ベルギー、ニュージーランドに次いで四番目です。つまり、「できる子」と「できない子」が見事に二極化したのです。しかも、この「学力の二極化」現象は、すでに現場の教師たちの実感になりつつあるのです。共同通信社のアンケート調査(二〇〇五年一月、二〇〇人対象)でも、「学力の中間層が減り「できる子」と

「できない子」の二極化が進んだ」と「感じる」教師は六四％、「感じない」は一六％にすぎません。七割近い教師が、学力の二極化を実感していることになります。

このように、これまで日本の「お家芸」とも称賛されてきた、「どの子にも等しく」基礎学力を保障するという伝統的な学力形成の理念や方法、つまり個々の教師たちの「授業力」そのものが、何らかの要因によって、急激に揺らいだことを物語っています。

すなわち子どもたちの学習意欲の減退を生み、学力低位層を大量に生み出した教育政策上の何らかの要因があるのではないでしょうか。そう考えざるをえないほど、子どもの学力と学習意欲が急速に二極化を呈しはじめているのです。その一因として、「ゆとり教育」に対する拙速な見直し政策を指摘できるのではないでしょうか。

次に、「学力低下」論争そのものの誤りを検討しつつ、その対策の誤りについても検討を加えていきたいと考えます。

（２）拙速なゆとり教育の見直し

やむなく自衛する親たち

「ゆとり教育こそ学力低下の元凶」という批判に押されて、中央教育審議会ではすでに現行学習指導要領（二〇〇二年）の全面的な見直しが検討されました。二〇〇六年二月には、「生きる力」から「言葉の力」へ転換するという次の学習指導要領の原案も発表されています。このように教育方針が次々に変わる状況において、親たちの不安が大きくなるのは当然です。日本PTA全国協議会のアンケート調査(全国の小学一年〜中学三年の保護者約六〇〇〇人を対象。二〇〇四年一〇〜一一月実施)でも、子どもの「学力低下」について「心配」(「かなり」「多少」の合計)と答えた保護者は、前年度の六九・七%から、二〇〇四年度には七六・一%にまで増加しています。各家庭では自衛策として、「学校で出された宿題や課題をみる」(四七・二%)、「親が子どもの勉強をみる」(四五・二%)、「学習塾や進学塾、通信教育などの利用」(小学三六・六%、中学六一・六%)など時間もお金もかけて奮闘しています。たとえば二〇〇四年度の小学生の年間通塾費用など「補助学習費」は、全国平均九万六六〇〇円となっており、前回の二〇〇二年度比で一万三六〇〇円、一六・四%増加しています。(二〇〇四年度「子どもの学習費調査」文部科学省)。やむなく自衛しようとする親たちの姿が浮き彫りになっています。

しかし、親たちの学力への要求は、心や身体の発達への願いに比べると、実は最も低位のものなのです。私は、親の子育て要求の全体像を探るために「わが子に対する親の願い」というアンケート調査をしました(図2−1。全国の都道府県九箇所、一〇九六人対象、回収八〇八人、回収率七三・七%、二〇〇三年一一月〜二〇〇四年三月実施、臨床教育研究所「虹」調査)。それによって、いかに親たちは「全人教育」をこそ求めているのかということを思い知らされました。

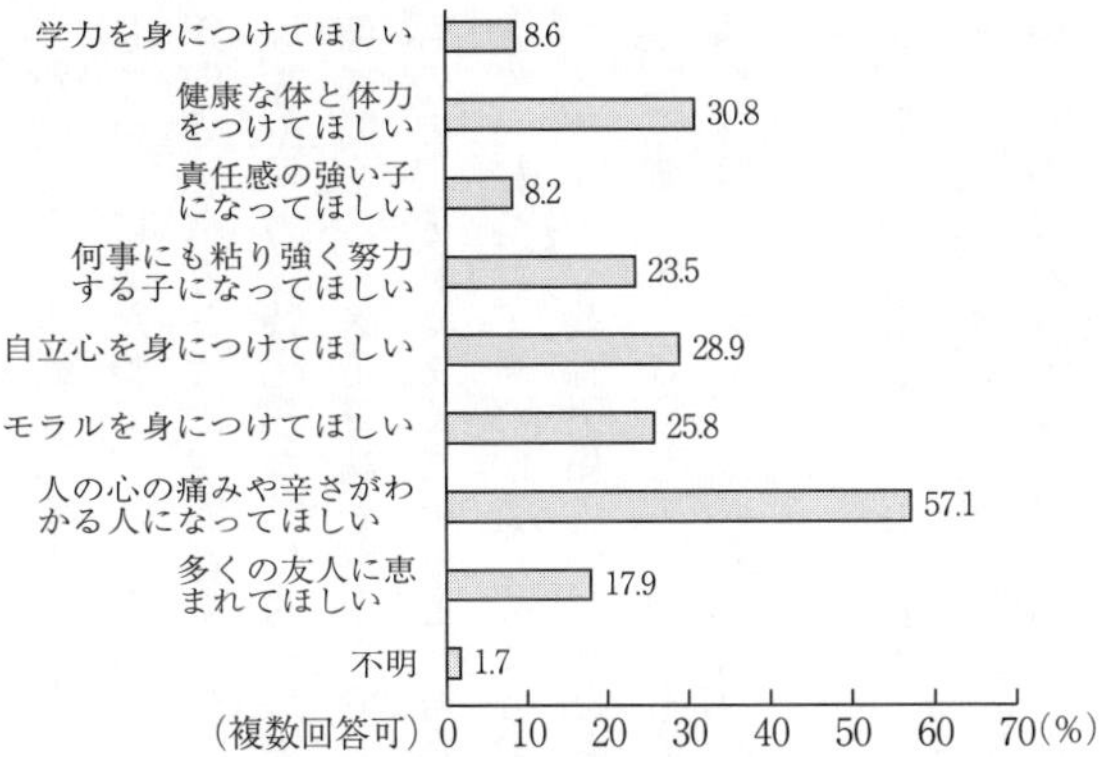

（臨床教育研究所「虹」調査，2003年11月〜2004年3月実施）

図2–1　わが子の成長に対して願うこと

図2－1から明らかなとおり「人の心の痛みや辛さがわかる人になってほしい」は、五七・一％と群を抜いています。ところが注目の「学力を身につけてほしい」は、わずかに八・六％です。

この傾向は、私の調査よりも早くに行われた読売新聞の世論調査でも明白になっています（二〇〇二年一二月、全国三〇〇〇人有効者面接法、回収数一八三六人、回収率六一・二％）。すなわち、「あなたは、自分のお子さんが成長していく上で、とくにどんなことを望みますか」という問いに対して、トップは「人の痛みがわかる人間になる」（五九・八％）で「学力をしっかり身につける」は一九・四％と八項目中、最下位にすぎなかったのです（複数回答可）。これは昨今の学力向上への強い関心や先の日本PTA全国協議会による七六％の親の学力への要求と比較するとつじつまの合わない数字です。しかし、両者は矛盾してはいないのです。

なぜなら、「学力を向上させてほしいですか」という狭い問いと、「あなたは、わが子が成長していくにあたって、どんな力をつけ、どのような姿になってほしいと願っていますか」という広い尋ね方とでは、応答する視野がまったく異なっているからです。

片や学力に特化した具体的な調査であり、もう一方は、子どもの人として成長した姿や全体像に関するイメージ調査だからです。大切なポイントは、親は学力の向上を強く願ってはいるものの、それはあくまでも心と身体の豊かな発達を前提にしたうえでの願いなのです。学力がどんなについていても心が貧しくてはお断わりということです。

メディアや教育関係者が、親たちが何にも増して学力を要求していると考えることは、明らかに錯覚です。こうして、学力も心も育たない詰め込み方式が頭をもたげていることは、憂うべき事態といえます。本来の親の願いとは方向がずれているのです。

実態に基づかない「学力低下論」

それにしても、一九九〇年代後半から本格的に始まった学力低下論争とその見直し策には、いくつかの基本的な誤解や錯覚があります。

第一には、学力に関する定義を避けつづけたことによって生じた誤解です。その結果、実態を的確に把握せず、統計的なデータばかりが力をふるうことになりました。そのうえ、新自由主義に基づく成果主義が、数値至上主義や競争原理とシンクロナイズしながら猛威をふるう結果になりました。こうして、教育臨床における複雑な側面をすべて削ぎ落とし、「調査・分析」された単純なデータのみがひとり歩きしたのです。

二一世紀を切り拓く力とは、どのような学力か。その力量を形成するためには、子どもたちは何を学び、どのようなカリキュラムが必要なのか。このように、本来はこれまでの計測可能な「学校知」としての学力に加えて、未来を見すえた熟考すべき「新しい時代の学力」を論じる必要があったのです。しかし、そこが空白状態に陥ったまま論争が進んだために、結局は脱文脈的な暗記力や記号操作的理解力、単純な知識や技能の習得といったこれまでの認知主義的な学力観が復活することになったのです。たとえば、漢字検定や英語検定、数学検定、地理・歴史検定など、社会現象としての「検定ブーム」さえ生んでいます。つまり、覚えて「できる」ことが第一であり、考えて「わかる」ことは、ないがしろにされているのです。

しかし、ＰＩＳＡ調査のねらいは、日本で受けとめられているこのような古い「学校知」とはまるで異なっているのです。社会・経済構造のグローバル化が急激に進展した現代の世界にあって、青年がこうした変化にいかに対応できるのか、ＯＥＣＤは、そうした市民としての人材養成の重要性から、一九八七年以降、ＩＮＥＳ(Indicator of Education System)という教育システムの指標を開発する研究チームを立ち上げてきました。このＩＮＥＳが教育評価の新たな視点を打ち出しています。それは、①学力とは認知主義的な知識や技能のみならず、教科横断的力量をいかに育成するのかが重要であり、②非認知的な学習意欲や自己理解、自信などが、生涯にわたって学習しつづける市民的力量の形成につなげる基本である、としています。

こうして到達した学力観は、これまでの「学校知」とは正反対のものであり、むしろ、それを乗り越えたものです。報告書の日本語版タイトルが『生きるための知識と技能(Knowledge and Skills for Life)』(ぎょうせい)とあるように、学力とは「人生をつくり社会に参加する力」、つまり、単純な詰め込みの暗記型ではなくて、きわめて文脈的であり、包括的・参加型のダイナミックな〝リテラシー〟を学力として取り上げ、問題にしているのです。換言すれば、シチズンシップの教育であり、子どもを市民としていかに育てるか、「地球市民」の養成こそがその目的なのです。このことは、実際に問題文を見れば一目瞭然です。文部科学省や全国の自治体が、現在盛んに実施している「学力調査」の問題文とは、まるで別物だからです。〝リテラシー〟を新聞各紙は「応用力」と訳出していますが、的確ではありません。市民として「生きる力」のことを指しているのです。また、「読解力」という訳語もありますが、日本で一般的に考えられる読解力とは別物です。ＰＩＳＡ調査では、「自らの目標を達成し、自らの知識と可能性を発達させ、効果的に社会に参加するために、書かれたテキストを理解し、利用し、熟考する力」であると定義しているのです。「科学的リテラシー」も「数学的リテラシー」も同様に、日本で考えられてきた意味とはまったく異なっています。

教える量の増大化、難問化は学力を上げるか

第二には、教える内容を増やしたり、難しくしたりすれば学力が上がるのではないかという、狭い経験主義的な錯覚に陥っている点です。これまで、「学習指導要領の内容が三割削減されたために学力低下をきたした」、だから削減分の復活が必要だなどと繰り返し主張されてきました。その結果、新学習指導要領が開始された二〇〇二年の秋には、すでにカットされた領域を中心とした「発展的学習」の教材が完成しました。二〇〇五年に明らかにされた新中学校教科書(二〇〇六年度から使用)でも、「発展」として次々に復活を遂げページ数も厚くなっています。学力向上のためにと、旧指導要領下での古い教科書をわざわざ使用している私学すら存在する有様です。

量の増大化のみならず、内容を難しくしさえすれば、子どもたちの学力が向上すると思い込んでいる向きも少なくありません。したがって、二〇〇四年三月に検定結果が発表された小学校の教科書では、「発展」として、台形の面積の公式や桁数の多い足し算やかけ算が復活しました。国語では「文語調の文章」など難度も高くなっています。

中学校では、理科の場合、元素の周期表、イオンの概念と性質、遺伝の規則性、生物の進化、質量と重さの違いなど。数学では、不等式、円に内接する四角形、接弦定理など。さらに、理科ではフレミングの左手の法則、陽子や中性子、ブラックホール、ビッグバン、DNAの分子構造など、もともと高校で学ぶ内容まで加えられました。

しかし、教える量を多くし、このように難解にすればするほど学力が向上すると考えるのは幻想にすぎません。「七・五・三現象」(教科書を理解できる児童・生徒の割合が小学校七割、中学五割、高校三割)の解消のために「ゆとり教育」による削減が行われたはずです。にもかかわらず、このような単純な復活は朝令暮改のそしりを免れません。

実際に「七・五・三現象」が解消されないばかりか、もっと深刻な事態が起きています。すなわち、大人になってからの「学力の剝落《はくらく》」現象が起きているのです。IEA(国際教育到達度評価学会)の調査では、数学と理科は一九六四年から八一年にかけて、常に一位ないし二位で日本の「学力」はトップを保持していました。ところが、かつてのような「受験競争」による暗記型、トレーニング中心の「学校知」をどれだけ詰め込んでも、生きる力としての学力にはつながっていなかったことが判明したのです。この子どもたちが、大人になると見事に学力が剝落し、世界最下位にまで落ち込んだのです。すなわち一九九六年にOECDが行った先進一四カ国の一般市民の「科学的知識」「科学技術に対する関心」調査では、日本は一三位、一四位と最下位の結果でした。また、この五年後の二〇〇一年の調査でも、「初期の人類は恐竜と同じ時代に生きていた」といった説明について、〇か×かを問う科学の基礎知識テスト（一八歳から六九歳の二〇〇〇人の市民対象）において、全一〇問に対する正答率は五一％で、日本は一四カ国中一二位でした。

このように大人世代の「学力の剝落」＝「大人の学力低下」現象は、以前から日本ではみられており、構造化していたのです。いま、またその誤った道を戻ろうとしていることを考えると、今日の学力向上対策は、過去の教訓を生かそうとしない、あまりにも稚拙な対策といわざるをえません。学びとは、問題の量の多少や難易度に価値があるのではありません。基礎・基本の中にもＰＩＳＡ調査が目的とするように、いかに分析力や統合力、論理力を発揮し、実生活や社会を豊かに発展させる力を身につけることができるかどうか、市民としての力量の形成が問われているのです。単純にかけ算や九九《くく》のトレーニングをつんだり、そのことによって脳を刺激し「頭をよくする」ことをしても生きる方向は見えてこないのです。

授業時間数を増やしても学力は上らない

第三には、授業時間数を増やせば学力が上がるという錯覚です。これには、まったく根拠がありません。わざわざ「学校の授業時間に関する国際比較調査」（国立教育改革研究所、二〇〇三年三月)の結果などを用い、たとえばアメリカやフランス、イギリスなどと比べて日本の場合、いかに授業時間が少ないかということを主張する見解もみられます。しかし、こうした主張で取り上げられている「先進国」は、PISA調査の結果では、フランスが一六位、アメリカが二八位、イギリスは学校実施率が国際基準を満たしていなかったために、分析から除外されており、いずれも日本の六位より学力順位ははるかに劣るのです。つまり、比較する意味がないのです。フィンランドは、日本より授業時数が少なく参加国中最低レベルにもかかわらず、成績はトップとなっています。つまり、「国際的に比較」しても、授業時間数と学力との間の明確な相関関係は証明できないのです。それにもかかわらず、これらの無責任きわまりない論調によって、日本の学校現場は授業時間増のために大変な事態に追いつめられているのです。

公立の小・中学校でも、放課後に補習を組んだり、多くが夏休みを一週間カットしたり、ひどい小学校では、一日も夏休みをとらなかったり、二学期制に移行(全市町村の一一・三%)したりしています。またゼロ時間目や七時間目・八時間目を特設し、一日七〜九時間もの授業を実施している高校や、本来は九月一日に行われていた二学期の始業式を八月一七日にまで遡って始めたり、定期試験期間中でも、テストの終了後に弁当持参で、六時間目まで授業を行ったりしている中学校が全国には多数あります。遠足や生徒会行事、文化祭、映画会、演劇鑑賞会など学校行事が授業時数確保のために削られ、犠牲になるのは、いまや当然視されています。中学一年生の一九九四年度の学校行事の年間平均時間は、八三・一時間。これに対して二〇〇二年度は、七〇時間未満の中学一年生は七四・一%となり、減少傾向ははっきりしています（文部科学省調査）。

文部科学省による「年間の総授業時数」調査（二〇〇二年度）では、同省の定めた「年間標準授業時数」を、平均で三〇時間も上まわった小学一年生が全国の七三・五%、中学一年生では三一時間超が三五・二%に達しています。かつての私の現場実感では、八〇%から九〇%達成できればよしとされてきた「標準」に対して、小一でも八九・三%が上まわっているというのです。

授業時数確保のための取り組みでは、一コマの授業時間を増やしている小学校が四四・三%（中学校一八・七%）、学校行事の精選・見直しが同八八・〇%（同八七・九%）、一週間の授業のコマ数を増やしているのが同三七・七%（同四六・七%）、夏休みなど長期休みを減らしているのが同一・九%（同三・一%）となっています。驚くべき時数へのこだわり方です。年間の総時数が、ただの一時間不足しただけでも始末書を書かされたという学校が出現しています。また、学校五日制に対する否定的な意見をもつ親は、三九・三%（日本PTA全国協議会調査、二〇〇四年）にも達しています。社会全体が授業時数信仰に陥っているのでしょうか。

競争では学力は向上しない

第四には、学力は競争させればさせるほど向上するという錯覚です。経済活動における成果主義と結びついた学力「競争」が現場を支配しています。すでに多くの自治体では、独自の学力調査を実施しています(市区では三九%、町村では二五%の実施率。東京大学大学院教育研究科の基礎学力研究開発センター「市区町村の学力向上施策に関する調査」。二〇〇四年末から二〇〇五年一月にかけて、全市区町村対象、回収率四五%)。しかも、問題作成は民間委託が市区で七割、町村では九割です。これで、どうして責任を持って自分たちが教えた授業の成果をはかれるのでしょうか。また結果については、東京のように、全区・全市の順位を発表する自治体すらあります。一定の刺激として競争を容認する考え方に立ったとしても、学力テストだけの学校間競争では、学校全体の中身ではなく、目に見える点数だけで評価を競う結果になります。しかも、東京では学校選択の自由制がとり入れられている地域が多いので、点数が唯一の比較基準としてひとり歩きしかねません。その結果、各学校は、本番の全国学力調査に備えて模擬試験を実施したり、「順位を上げる」ことにのみ視野をせばめています。「点数を取る」ために、すでにたとえば小五には、小三と小四の計算や漢字の復習ばかりやらせるなどの歪みが、子どもたちを襲っています。教師にも、平均正答率を上げるための「授業計画」を提出させ、対象教科の授業時数を増やしています。また、「テストの解答用紙に書く訓練」や「去年の問題練習」「出題傾向問題のトレーニング」「土・日を使った補習授業」などに子どもたちは時間を割かれ、弊害はすでに深刻な様相を呈しています。これでは疲れて、学力も上がるはずがありません。

順位を「上げる」弊害ばかりではありません。むしろ「下げない」方策は、教室の〝弱者〟たちを直撃しています。たとえば、不登校児には学力テスト実施に関する連絡が届けられなかったり、出来が悪く、無回答の子どもの答案用紙は教師が提出しなかったりする事態さえ起こっています。子どもたちにも、点数がとれない子が休むと、平均点があがるのではないかと期待するという歪んだ考えが広まっているようです。夏休み前から「(東京)都「学力向上を図るための調査」に向けて学習しよう」と題したプリントを全児童・生徒に配布した教育委員会さえあります。これでは、二〇〇七年に二九億円も費して実施が予定されている「全国学力テスト」(文部科学省)が心配です。「わざとカンニングをさせる」「監督教師が正答を教える」「成績の悪い子には欠席をすすめる」など、かつて一九五六〜六六年度に実施された〝全国学力テストの亡霊〟が、再び姿を表しそうな予感さえします。

このような事態に陥っても、はたして学力は向上するのでしょうか。テストとは、子どもの理解度やつまずき箇所を的確にチェックし、教師も子どもも反省材料として生かし、すべての子どもの学力を向上させるために実施するものです。このような「本来の学力テスト」の目的に、一刻も早く立ち返るべきではないでしょうか。東京都のいくつかの区では、学力テストの問題さえ未公表のまま、正答率が示されるだけです。これでは、第三者がテストそのものの信頼性さえチェックできず、受験した子どもたちのつまずきをケアすることも不可能です。残念ながら、学力の向上は望むべくもありません。

(3) 広がる学力の格差

「見直し」路線が「学力格差」を生んでいる

学力とは何かという定義を避けて、「ゆとり教育の見直し」として取り組まれてきた学力向上対策は、この三年間で学校にどのような変化を生み出したのでしょうか。

第一には、授業時数増や、「発展」教材、宿題の詰め込み、百マス計算や小テスト、検定ばかりが実施されるなど、時間的・精神的な「ゆとり」の喪失により、子どもたちのストレスを増大させたことです。さらには、本来計測不能な「関心・意欲・態度」や「心」のあり方まで評価・点数化して、それらの合計点を高校入試の合否判断資料に採用するという事態さえ起こっており(東京都、二〇〇四年度より)、子どもにかかるストレスは深刻です。中学三年生は、常に教師の目を気にし、ますます「よい子」を演じざるをえなくなります。友だち関係も疑心暗鬼に陥り、イライラを募らせることになりかねません。これでは、精神が不安定になり、「自分らしさ」やアイデンティティの形成が困難に陥ります。子どもたちのメッセージ性の見えない自傷行為や、教師が気づかないトラブルが増えても不思議ではありません。

子どものうつに関する日本で初めての大規模な調査では、小学生の七・八％、中学生の二二・八％、なかでも中学三年生では、三〇・四％もが抑うつ傾向にあり、それらのうち二〇〜二五％は、うつ病と診断されるとのことです（北海道三市の小学一年から中学三年までの児童・生徒三三三一人からアンケート回収。伝田健三、二〇〇三年実施、二〇〇四年一一月発表）。「何をしても楽しくない」「元気いっぱいではない」など、楽しみの減退に加え、「とても悲しい」「泣きたい気がする」「逃げ出したい」など、悲哀感が強いといいます。これでは、学習意欲の向上どころか、「生きる力」さえ衰えかねません。先述のとおり小学生の暴力行為が、中学・高校では減少しているにもかかわらず、二年連続して増加傾向にあったり、第一章第1節で述べたように二〇〇五年六月に連続した、「成績が良く」「無口」で「おとなしい子」たちによる殺傷事件は、思春期の発達に、何らかの危機が訪れていることを暗示していると考えた方がよいのではないでしょうか。その意味でも学力向上対策も、思春期の発達を促進し保障する方向で模索すべきでしょう。

小学校高学年の「前思春期」は、第二次性徴が早まり「発達加速化現象」と説明されていますが、この大切な不安定な時期に、形だけの学力向上に目を奪われていて大丈夫でしょうか。人生の意味や友人関係、社会問題への関心が芽生える思春期に対して、これに正面から応える実践が必要ではないでしょうか。トレーニング主義的な学習や検定のための勉強では機械的な計算力はついても、将来、教師の予想を超えて伸び伸びと成長する学力は身につかないのではないでしょうか。

第二の変化は、本章の最初にも述べたように学力格差を拡大、定着させたことです。学力向上をはかるための習熟度別授業は皮肉にも、その意図とは正反対に、子どもたちの学力格差の固定化につながっています。「できない子」は、「できない」なりの満足感、達成感を得るだけであり、いつまでも「ゆっくりコース」のままなのです。「発展コース」には容易には進めない仕組みです。

第三の変化は、エリート校の容認に踏み込んだことです。それも国民への奉仕精神旺盛な、鍛えられた、市民のためのエリートを養成するという方向ではないようです。そこで育成される人物とは、広い社会的な視点を有することのない、「純粋培養」のいわば「囲われたエリート」にすぎないようです。

二〇〇六年四月に開校予定の株式会社(トヨタ、JR東海、中部電力)が設立する中・高一貫全寮制の学園や、二〇〇五年四月から群馬県にオープンしている、国語以外の教科はすべて英語で授業を進める小・中・高一貫校(太田市)などはその典型といえます。入学に際して片や三〇〇万円、片や小学校であり、市が税金をつぎ込み「公設民営」と称されているにもかかわらず、月に五万五〇〇〇円もの授業料が必要です。これでは富裕層の、文字通り「勝ち組」のための「囲われたエリート学校」にすぎません。全国の公立学校の児童・生徒の学力向上にはつながりません。

そればかりか、東京では公立小学校でも市場主義の競争と規制緩和が導入され、「学校選択の自由制」が採用されています。その結果、いまや入学者がゼロの中学校まで出現(二〇〇四年度)しています。これでは、地域に根ざした教育の破壊にとどまらず、地域間の経済格差や「階層化」まで生み出しかねない状況です。安定した地域社会を崩壊させかねないのです。

構造的な危機

これまで見てきたように、今日の学力問題への対応策は、人々の生活を階層社会へと導く危険性をはらんでいます。しかも、特定の地域や個別の学校の問題にとどまりません。日本の学校全体が「構造」的に、子どもの能力を早期から分別し、能力に応じたコースごとの授業を受けさせ、最終的には子どもを選別することになるのです。

「ゆとり」を持たせて、すべての子どもに「できる・わかる」という喜びを体得させ、学ぶ喜びを味わわせようといった、高い理想に燃えた考えや目標は、いまではすっかり現場から影をひそめています。戦後一貫して大切にされてきた「どの子にもできる喜びを」という考えに対しては、「(教育機会の均等は)生徒・学生の個性や能力を無視した教育内容の均質化を招いた」と日本経済団体連合会が批判しています(「二一世紀を生き抜く次世代育成のための提言」日本経済団体連合会、二〇〇四年四月)。「(日本経済が)グローバルに展開される競争を勝ち抜いて」いくには、「トップ層の強化」が必要であり、「個人の能力に応じた教育」という論理のもとに、これまでのように、どの子にも学力を保障する日本の学校理念やシステムは、〝悪しき平等論〟として切り捨てます。市場原理に任せた新自由主義の教育の改革で、教育の機会や所得格差が広がっているのです。

これら憲法や教育基本法の基本理念にかかわる部分が大きく変質しています。「学力低下」論とそれへの対応過程で、競争原理をテコとした数値に基づく「成果主義」によって、〝差別化教育〟は「完成」の域に達したといってもよいのではないでしょうか。「戦後五十年、落ちこぼれの底辺を上げることにばかり注いできた労力を、できる者を限りなく伸ばすことに振り向ける。百人に一人でいい、やがて彼らが国を引っ張っていきます。限りなくできない非才、無才には、せめて実直な精神だけを養っておいてもらえばいいんです」(元教科審会長三浦朱門氏の発言。斎藤貴男『機会不平等』文春文庫、二〇〇四年)。この一パーセントの「天才」をいかに早期に発見し、その能力にふさわしい教育を与えられるかが重要であるという考えです。そうした考えこそが、グローバリズムに覆われた現代の世界を日本が生き抜くための、人材育成戦略の根幹であると考える我が国のリーダーたちの思惑は、学力定義がなされず、データのみが科学的論拠であるかのような歪んだ学力論争の「おかげ」で、タイミングよく実を結びつつあるといえます。

教育改革国民会議の提言や、九〇年代後半以降の中央教育審議会の議論、先に見た財界・産業界の教育提言などに目を通すと、すでにこのように差別的で、本格的な階層化社会に向かう「教育の構造改革」の危険性は充満していたのです。

「学力低下が心配だ」「学力を向上させてほしい」という、国民の間に広がる素朴な不安と要求に乗じて、実際は「選別の教育」時代に突入することになっているようです。しかも不幸なことに、学力の「高い」子すら、いま世界が求めている学力とは逆方向の、時代錯誤的な暗記中心の受験学力の獲得へと走らされているのです。

激しく揺れ動く思春期の子どもたちが、正面から自らの不安と向き合い、自己理解を深め、自信を持って、未来への生き方を発見する。そして、学習へのモチベーションを高め続けていくことができる道筋やそのための力量の形成などは、ほとんど意識されていません。ですから、優秀な子どもほど矛盾を一身に引き受けて、体内にはストレスをため込んでいるのかもしれません。そう考えると、おとなしく勉強のできる子どもの犯罪が続くのも理解できます。これでは、これまで文部科学省が主張してきた「生きる力」の育成も危ういものとなってしまいます。

つまり「子どもの危機」の問題は「社会の危機」であり、「日本の未来の危機」に直結しているようです。

2　社会は子どもを育てているか

(1)　急増する子どもの事件

子どもと犯罪

第一章でも述べましたが、いま子どもをめぐる事態は深刻になっています。子どもが関わった凶悪な事件が、新聞やテレビで頻繁に報じられています。

一方、少年が犯罪の被害に遭ったケースではどうなっているのでしょうか。たとえば二〇〇三年を例にとると、上半期だけでも、子どもたちは一七万件近くもの多数の被害に遭っています。うち小学生は約一万二〇〇〇件、未就学児は二五二件となっています。

特に、性犯罪の被害に巻き込まれるケースが急増していることが注目されます。小学生が被害にあった強姦や強制わいせつ事例は、前年同期の何と四六%もの増です。過去五年間で二倍に増加し、ここ一〇年間で最悪の事態となっています。

とりわけ、子どもたちが誘拐・殺害される事件が、最近あまりにも目につきます。未成年者の連れ去り事件は、すでに一九九〇年ごろから急増していたのです。ここ数年は、八〇年代の約二倍の二〇〇〇件前後で推移しています。二〇〇三年についていえば、一〇月末で、すでに二〇〇件を超えるひどさだったのです。

二〇〇五年一一月には広島市で小一の女児が殺害されたり、一二月に入ると、今度は栃木県で同じく小一の女児が、下校途中を連れ去られ、同月一〇日には、京都府宇治市で小六女児がアルバイトの塾講師に殺害されました。命には別状がなかった大きな事件も、二〇〇五年は二月以降だけでも、一九件も発生しています。このようななかで、いま社会全体に、下校途中の子どもの安全さえ守れぬ焦りやいらいら立ちが募っているようにみえます。

では、大人たちは少年による加害犯罪の克服や被害の防止のために、どのような対応策をとろうとしているのでしょうか。

加害少年の厳罰化

まず少年犯罪の克服方向として、加害少年の厳罰化を求める声が強くあります。次の科白《せりふ》はその典型といえます。

「まず親の責任。マスコミの報道の仕方にも問題がある。犯罪者の親を映していない。引きずり出すべきだ。親、担任、校長先生、全部前に出てくるべきだ。こんなことをしたらえらいことになると自覚させるため、犯罪を犯した子どもの親は全部引きずり出すべきだ。親は市中引き回しの上、打ち首にすればいいんだよ」

これは、政府の青少年推進本部副本部長(本部長は小泉首相)の鴻池担当相(当時)の発言です。長崎の幼稚園児(四歳)が誘拐殺害された事件(二〇〇三年七月)で、逮捕されたのが、刑事罰を問えない一二歳の少年だったことを受けて、厳しい罰則の必要性を強調したものです。

むろん、このような〝社会的制裁〟ともとれる氏の発言には、厳しい批判も出ました。しかし、氏のように少年とその親に対して厳罰を求める考え方は、社会全体から根強い支持を受けている点も注目しておく必要があります。「こんなことをしたらえらいことになる」という恐怖心を子どもたちに植えつければ、少年犯罪の抑止に役立つとする考え方はかなり広範に存在し力を有しています。はたして、このような厳罰化は本当に犯罪の抑止力としての効果があるのでしょうか。

厳罰化の効力

答えは否です。なぜなら、二〇〇一年に改正少年法が施行されてからも、依然として少年たちによる凶悪事件が後を断たないからです。厳罰化を進めたアメリカにおいても、年間の凶悪事件は一万五〇〇〇件を超えています。このことからも、厳罰化の効果には疑問が残るのです。

それどころか、処罰対象年齢を引き下げれば下げるほど、その対象となる子どもは未発達な成長段階にあることになります。だからこそ、大人と同じレベルでは自己責任を問うことができない、という根本的な矛盾にぶつからざるをえません。うっかりすれば、この論法では小学生や幼稚園児まで大人と同等の処罰を加えなければならない羽目に陥ります。国際的な観点に立っても、子どもの権利条約(一九八九年一一月、国連にて採択。日本は一九九四年四月批准)にいう「子どもの最善の利益」を擁護する精神に抵触しかねません。

最近の少年犯は、自己肯定心情が極端に低いという特徴があります。多くの場合、自分を見限って自己破滅的行為としての事件を起こしているのです。たとえば二〇〇三年一一月に大阪で起きた女子高校生(一六歳)と大学生(一九歳)による、双方の一家殺傷事件のように、二人は、半ば心中行為として殺人に及んだのです。

また、二〇〇五年八月に宮城県で発生した中学三年生男子による、拳銃を奪うことを目的とした警察官襲撃事件も同様です。ガンマニアのガン欲しさの凶行ではありません。奪った大好きな拳銃で自らの命を断ちたいという自殺願望から起こした事件だったようです。現場で取り押さえられた際も「その銃で撃ち殺して下さい」と叫んだと報道されています。これらの二つの事例からも明らかなように、自尊感情も弱く、したがって当然恐怖心もないので自制心が働かないのです。これでは、どんなに厳罰化を進めても、何の抑止力にもなりません。もし、厳罰化の効果を期待できるとすれば、むしろ自転車窃盗など軽微な少年犯罪に対してでしょう。

少年犯罪は、愛情不足などによる子どもたちの自己肯定心情の弱さや、発達不全が及ぼす精神的な不安定さのSOSとして受けとめるべきではないでしょうか。

自分がどんなに大きな問題を抱えていても、家族や教師など身近な大人からたっぷり愛されているのだという実感をもてることが、むしろ犯罪の抑止には必要な力なのです。

被害を防ぐための監視化

一方、犯罪の被害者に対して、大人たちはどのように対応しているのでしょうか。

連れ去り事件が続発するなかで、防止策については、もともとアメリカが軍事用に開発したもので、いまや車両盗難防止や徘徊するお年寄りの捜索のためにも開発・商品化されている、全地球測位システム(GPS)や携帯型防犯ブザーまで利用しようとする自治体が相次いでいます。これは、犯罪被害から子どもを守るためには、たとえ人権を侵しても、子どもたちの行動を監視し、管理してもよいとする発想です。

しかし、これらの方法や装置で、はたして本当に被害が防げるのでしょうか。たとえば防犯のための監視カメラの設置は、効果を上げるのは最初だけです。犯人たちはすぐに学習し、すり抜け方を工夫するためにやがて効力をなくすことになります。これと同じように防犯ブザーやGPS頼みでは、問題の本質的な解決にはほど遠いといわざるをえません。

二〇〇四年一一月に奈良市で首からGPS機能付のケータイを下げていた小学一年生女児が、下校途中を誘拐、殺害された事件が発生したことは、このことを象徴しています。むしろ、子どもたちが大人や社会に対して不信感を増大させ、また自分が管理されることに慣れてしまい、大切な人権感覚を稀薄化させかねないことにもなります。

対応にみられる特徴

これら加害少年には厳罰を、被害少女には監視をという考え方の底流には、共通したいくつかの特徴があります。

まず、子どもの人権の尊重、成長の可能性への信頼がきわめて弱いということです。さらには、大人が子どもたちを二一世紀の日本を築く、「パートナー」として認めていないことです。人権の尊重という視点では、常に子どもを大人の下位に置いてとらえているのです。したがって、子どもの意見を聞き、子どもの目線に立って事件を丁寧に把握し、分析しようとしていないことです。

大人と子どもの関係不全

こうしたことから浮き彫りになってくることは、「子どもは大人が守り、育てるもの」という、これまではあまりにも自明の関係性と思われてきた理念さえ大きく揺らいでいることです。子育てや子どもの問題は、社会全体で責任を負うべき大切な課題であるという共通認識が、いまだに確立していないことを示唆しています。換言すると、大人は子どもを守るという原理的な関係性そのものが確立しておらず、揺らいでいるのです。

その典型が、政府の「少年非行対策のための検討会」(二〇〇三年九月当時)がまとめた、原案の基本的な構えが、「少年犯罪から社会を守る」となっていたことです。いわば、少年は加害者で社会は被害者という構図だったのです。

東京における非行防止の考え方も、その一つかもしれません。治安対策の一環として設置した「子どもを犯罪に巻き込まないための方策を提言する会」(二〇〇三年)がまとめた、次のような提言にも象徴されています。

小学校高学年、中・高生の授業で非行・犯罪の被害防止教育／父親は「親父の会」をたくさん結成／深夜のコンビニエンス・ストアの店前で子どもたちが集まることの防止／警察と学校は犯罪少年に関する情報を交換／万引をした子どもの親に対する損害賠償請求／学校連絡専門職員(スクールサポーター)制度の導入/盛り場でのスカウトやキャッチ行為の規制/合法ドラッグの子どもへの販売の規制/ボランティア団体による盛り場パトロール強化

これらの中には、本来は子どもや父親の自由な意思の問題であり、おせっかいに近い項目まで含まれています。どの項目も現象にのみ目を奪われている傾向が強いのです。たとえば、コンビニの前でたむろする少年たちを追放する前に、彼らの寂しさに思いを馳せたことがあるのでしょうか。彼らは、お互い群れながら癒されているのです。単に集合させないことが大切なのではなくて、そうせざるをえなくなっている心理的な原因や背景にまで目を向けなければ、彼らの置かれた状況を理解し、真に解決することはできないのです。

さらに、見過ごすことができないのは「警察と学校の情報交換」や元警官などの「スクールサポーター」制度の提案です。

すでに実施している、ある自治体の教育関係者の話では、一日中、元警官が校内をパトロールすることによって、確かに非行は減少したとのことです。しかし、これでは〝学校や地域の警察化〟であり、安易な情報交換は生徒のプライバシーの侵害であると同時に思春期のデリケートな自尊心を踏みにじり、生徒を萎縮させるなどの問題も予想されます。また学校が警察力に頼りすぎると、生徒の心の奥まで受けとめて教育的に指導するべき教師自身の力の低下を招かないでしょうか。長い目でみれば、警察と一体化するような安易な連携は、必ずしも薦められません。

(2) 家庭と社会はいま

深刻な〝家庭崩壊〟

ここまで述べてきたことで、社会がいかに子どもを適切に育てていないか、はっきりしたことと思います。この章の第1節で学校教育の変質を述べましたのでここでは、①家庭、②社会(特に企業社会)の二つの領域から、子どもたちと社会のあり方がどう変わったのかみることにします。

近年、家庭の教育力の回復の重要性が叫ばれ、親が叱咤激励される場面が多くなっています。では実際に、家庭教育はどうなっているのでしょうか。崩壊が叫ばれて久しいのですが、いまでは家庭の責任を問うことすら困難なほど、深刻さの度合いは増しています。この家庭溶解の最後の仕上げが、家庭における食文化の消失でしょう。

質を変えて進む「孤食」

政府・文部科学省も「栄養教諭」の創設を目指さなければならないほど、いま家庭における食生活の乱れが深刻化しています。

子どもが朝食を一人で食べる「孤食」が初めて話題に上ったのは、一九八二年のことです。朝食を一人ないし兄弟だけで食べる子どもが二二・七％(一九八二年調査。「国民栄養調査」厚生省、一九九三年)もおり、その寂しい食卓風景がテレビでも大きく報じられました(NHK特集「子どもたちの食卓――なぜひとりで食べるの」)。

近年、この孤食の割合が別の調査では五一％となっており、その質がかつてと大きく異なってきました(一九九九年調査。足立己幸『知っていますか子どもたちの食卓』日本放送出版協会、二〇〇〇年)。第一には、かつてのように時間のズレによる孤食ではないことです。つまり同一時間帯にもかかわらず、それぞれが自分の部屋でバラバラに別メニューに向かうという食卓風景が広がりつつあることです。第二には、今日の子どもたちはこのような孤食を寂しがらないことです。むしろ、孤食をする四人に一人が「楽しい」と答える有様です。家族みんなで食卓を囲む楽しささえ理解できない子どもが急増しているのです。

しかし、まだ孤食できるだけましなのかもしれません。新たに悲惨な食卓が広がりつつあるからです。というのは、「朝食」ならぬ「朝おやつ」が食事代わりになっている乳幼児がいるのです。口の周囲にチョコレートをべっとりつけて保育園に登園してくる子も珍しくありません。チョコにミルクにバナナが主食です。菓子パン、プリン、ケーキ、ヨーグルトなどは定番メニューとなっています。ご飯に味噌汁、魚の干物などはいまや「幻の朝食」という声まであります。

この問題を指摘した岩村暢子氏によると、食卓の手抜きについて、ほとんどの母親たちが「多忙」を理由に挙げるといいます（『変わる家族変わる食卓』勁草書房、二〇〇三年）。ところが問題は、その多忙の中身です。面接調査からわかったことは、多忙さとは「午後四時で終わるパート」や「週一程度のPTAの会合」でした。常識ではとても多忙の範疇ではありません。要は、「食」がこの程度の多忙さよりも下位に位置づけられるほどに軽視されているということです。また、「個の尊重」という名目のもとに偏食や好き嫌いを放置し、好きなものだけ食する「バラバラ食」が横行しているともいいます。もう一つ大きな変化として、栄養だけは重視するために、味覚や取り合わせに関係なく料理したり、配膳したりする「配合飼料型メニュー」がみられるそうです。また、ヨーグルトや豆腐など体に良い一品だけ付ける「切り札型メニュー」もあるとのことです。

私も調査段階から参加した朝日新聞社による全国の保育園・幼稚園（約五〇〇〇園）に対するアンケート調査（二〇〇五年八月実施）の結果でも、心と体、食生活に関して、さらに深刻な実態が浮き彫りになってきました（「園児が壊れる」『AERA』二〇〇五年九月五日号）。保育園側の一番の困難は、子どもに朝食をとるようにして欲しい、と親たちにいくら要求しても、改善されなくなったことだというのです。つまり、もはや「多忙」が理由ではなく、親自身が朝食の経験があまりないために家族全員が食べないのだというのです。わざわざ、わが子のためにだけ朝食は作らないというのです。一段と〝家庭崩壊〟のレベルが上がったように見えます。

それにしても、家庭の食事は、単なる生理的な栄養補給源ではありません。基本的生活習慣の土台であり、貴重な家族のコミュニケーションの場でもあるのです。多忙ななかでも、親が工夫する手作りの家庭料理を味わうことで、理屈抜きに親子の絆が結ばれることになるのです。わが子の食欲の増減や食事風景の観察によって、体調のみならず、心の様子も把握することができます。あわただしい四〇分、五〇分の食事時間こそ、お互いのほどよい情報交換の場であり、親の価値観を伝えられるのです。そういう絡み合いのなかから、家族関係が生まれ、創られるのです。それがいまや親自身の食生活が崩壊し、子どもを含めた家族全員の食事も、コミュニケーションも家庭文化もすっかり壊れ果てて〝崩食〟が蔓延しているのです。これでは、家庭で子どもの豊かな心やコミュニケーション能力が育つわけがありません。また、政府がいくら「家庭の教育力を強化」すると強調しても、その前提そのものがいまや風前の灯なのです。

子どもをターゲットに金儲け

社会と子どもとの関係はどうなっているのでしょうか。実は、子どもをターゲットにしたすさまじい消費主義の大波が子どもたちを襲っているのです。

かつて二兆円産業と称された女子高生を対象にしたルーズソックスなどの商品開発から、大手玩具メーカーなどは子供服メーカーと組んで、二〇〇四年、小・中学生向け化粧品を発売しました。コロンは五二五〇円、一三色ものネイルカラーは一五〇〇円、オイルコントロールパウダーは一八九〇円といいますからその商品の種類と金額にはびっくりさせられます。売り場は、「コスメティックパーラー」と名づけて展開されています。

このように、小・中学生や幼児へと販売対象の低年齢化は加速しています。子ども心をくすぐり販売を促進するような商品が次々と開発され、諸外国では禁止されているテレビCMや雑誌を通した宣伝によって消費をあおられたのでは、たまりません。子ども時代から物欲主義や拝金主義の虜にされかねません。小学生段階からこれらをアルバイトをしてでも手に入れたいと思い、「出会い系サイト」の大人の甘い罠にかかる子どもが出たとしても、少しも不思議ではありません。ここでも子どもたちは、大人とボーダレスに、消費主義や金儲けの対象にされているのです。

子どもの性も商品化

いわゆる「出会い系サイト規制法」が二〇〇三年九月に施行されました。そこでは、子どもたちを「被害者」と規定しているだけでは、もはや防止不可能との考えが鮮明に打ち出されています。これまでは完全に「保護対象」だった少女らが「罰則対象」に位置づけられているからです。「出会い系サイト」による児童買春などの犯罪があまりにも多発することから、利用する成人男性側だけでなく、勧誘する児童(一八歳未満)についても処罰の対象としたのです。「保護」から「処罰」へと一八〇度の方針転換です。

二〇〇三年の一月から六月までの上半期だけでも、「出会い系サイト」絡みで摘発された児童買春事件は四〇〇件にも上ります。勧誘の状況が明らかになった二一一件のうち、男性からの誘いはわずか一三件。残りの九割は一八歳未満の少女の側からの勧誘でした。また、同サイト利用がきっかけで、恐喝などに発展した例は、七九三件にもおよびます。しかも、被害者の八割以上が一八歳未満でした。こうした事実を前に、「出会い系サイト」へのアクセスを禁じようとしたのも理解できないわけではありません。

しかし、もう少し広い視点から慎重に考えるべきではないでしょうか。少女処罰の根拠となった「九割が少女からの勧誘」という〝実態〟についても、数字の大きさだけに振り回されてはなりません。これは、少女たちの悪質さというよりも、買う側の成人男性の責任の方が大きいはずです。子どもの側は、むしろ、ことの重大さに思いが至らぬ無警戒さや幼稚さの現れと見た方がよいでしょう。なぜなら、中・高生の六七・七％もが、同年代の少女が見知らぬ人と性行為をすることについて、「かまわない」(九・六%)、「本人の自由」(五八・一%)と容認しているからです(二〇〇一年、警察庁・青少年問題調査研究会調べ。宮城、千葉、石川、岡山、大分の各県の中・高生三一三三人対象)。明確に「いけない」と批判する者(四九・一%)を上回っています。性の商品化を受け入れてしまっているのです。少女たちの性のモラルをこれほどまでに崩壊させてしまった、私たち大人の側こそ、責任を問われなければならないのです。

一九九六年の「児童の商業的性的搾取に関するストックホルム宣言」では、「犠牲になった児童を処罰しないことを確保する」と規定しています。また、我が国の「児童買春・ポルノ禁止法」(一九九九年施行)が、児童を常に「被害者」と位置づけてきたのにも、大人の責任を明確にし、児童を保護する深い意味があるのです。表面的な現象のひどさに目を奪われて、焦るあまりに問題の本質から目をそらし、対処の基本的視座を乱してはなりません。問題が大人と社会のゆがみに起因しているという本質をしっかりと捉え、再発防止のために大人の側への徹底した法規制や少女たちへの性教育こそが必要なのです。

同法による取り締まりでも、大人の側こそ深刻な事態に陥っていることを示しています。たとえば、二〇〇五年の一〜一一月に全国の警察が摘発した児童ポルノ事件で、被害者は、前年同期の三、四倍にも急増しているのです。インターネットの普及などで、画像の撮影や交換が簡単になっているという背景もありますが、大人の側こそ、撮影自体が子どもに対する性的虐待行為であるという深い認識が求められているのです。

3　深刻化する「思春期の危機」を読み解く

(1)　事件を例に考える

佐世保児童殺害事件

本章の第1節、第2節では「思春期の危機」が深刻化する社会的背景について論じました。この第3節では、具体的な事件をもとに、深刻化する「思春期の危機」について臨床的に詳しく分析したいと考えます。

第一章では、激変する子どもの現状を「暴力」と「ネット社会」の二つをキーワードに検証してきました。これらの二つのキーワードを包括し、今日の「思春期の危機」の深刻さを象徴した事件が起きました。それが、「佐世保児童殺害事件」(二〇〇四年六月)です。ここでは、本事件を手がかりにしながら、なぜ子どもによる凶悪な事件が、その後も続発しているのか、これらの事件に共通する特性や原因を探っていきたいと考えます。

「佐世保児童殺害事件」とは、二〇〇四年六月一日、佐世保市立小学校において、六年生の少女(一一歳)が、給食準備時間中に、三階の学習ルームで同級生(一二歳)をカッターナイフで襲い殺害に及んだものです。長崎家裁佐世保支部は、同年九月一五日の最終審判で、少女を児童自立支援施設に送致し、二年間にわたり行動の自由を制限する強制的措置がとれる保護処分を決定しました。審判では、加害少女の情緒面やコミュニケーション能力の欠陥を指摘したものの、とくに「障害と診断される程度には至らない」と結論づけました。いわゆる「フツー」の小学六年女児が、給食準備中に同級生を別室につれ出し、椅子に座らせて無防備なまま、後ろから殺害に至ったというのです。しかも、計画的で冷静に行われています。犯行後、心の乱れをほとんど見せなかったことも、社会にショックを与えました。この事件は、私たちに加害少女の心の闇の深淵を示唆し、新たな衝撃を与えたのです。また、犯罪の低年齢化などという、一般論では片付けることのできない、解明すべき多くの問題を抱えさせました。

しかも長崎県の場合、その前年にも長崎市内で、四歳の男児が中学一年生の男子生徒に誘拐、殺害される事件(二〇〇三年七月一日)が発生していたのです。本来、最も命の大切さを学ぶべき学校現場で、いったい何が起きているのでしょうか。命の大切さを教えることに「熱心」に取り組んできた長崎という地域だけに、この原因の究明は切実です。その意味でも、佐世保事件の分析は、子ども理解や学校における教育実践のあり方を考えるためにも、重要な意義を有しているといえます。

被害少女の父親の手記が問いかけるもの

ちょうど事件発生から一年を迎えた二〇〇五年六月一日に、ジャーナリストである被害者の父親の手記が新聞に発表されました。苦悩と闘いながら記された手記には、教訓とすべき三つのポイントが明記されています。

第一は、氏はこの一年間、辛さに耐えながら事件のさまざまな資料類に目を通したものの、「全体としては、動機や背景を明確に示した事象になっていない」、結局のところ、「「なぜ」は分かりません」といった内容です。「事件当時のことは彼女自身も分らないのでは、という感覚を覚え」、「それは、底の見えない暗い井戸をのぞき込むような空恐ろしさ」だったと述べています。この心の闇の解明には、さらに時間を要することでしょう。

第二は、加害少女の「前日から事件に至る心の変化を丁寧に拾う必要がある」という指摘です。それを「掘り下げた資料はありませんでした」と不満を述べています。これは、先の問題意識と重なる、本件の重要な鍵ではないでしょうか。

第三は、学校に何ができたのか、第三者機関の調査によって究明してほしいという要望です。市教育委員会と県教育委員会の「報告書」は、「身内の調査であり、限界」があり、「調査の実態も検証」不能だといいます。「そんな調査を基に予測不可能な事件と結論付けられても、納得いきません」、「第三者による調査システムをつくり、学校や先生は「何ができて、何ができなかったのか」を究明すべき」と訴えています。とくに事件一年後の今日、「『先生が子どもときちんと関係を築くことができていたか』気になっている」と教師と子どもの信頼関係づくりに対して懸念を表明しています。このことについて、私は、関係者は反論の余地がないのではないかと思います。それは、感情論ではなく、冷静になって社会的責任を果たす立場から、必ず「究明すべき」課題です。ところが、すでに六月下旬に早々と市教委は、第三者による調査機関を新たに設置しないという後向きの方針を決定したのです。

これら三つのポイントを眺めると、結局、事件の真相は何一つ解明されていません。したがって今後に生かすべき教訓も、的確に導き出せていないことを示唆しています。つまり、関係機関が原因解明を真摯にできないという事実そのものが、残念ながら今日の「思春期の危機」を象徴しているのではないでしょうか。これでは、複雑な心の世界に浸る思春期の子どもたちにとって、事態は深刻といえます。

(2) 子どもが見えない学校

子どもとの関係が築けない

むろん、各機関や一人ひとりの教員は、全力で取り組んでいるように見えます。にもかかわらずなぜ、このようなすれ違った事態が起きるのでしょうか。

被害者の父親が三番目に挙げているように、確かに教師は、「子どもときちんと関係を築くことができて」いなかった可能性を否定できません。あるがままの子どもたちを、もっと全面的に受けとめることができていれば、クラス内のトラブル――とくに女子の間はグループ化するために、教師にも「力関係」などはよく見えたはずです。もっとも前思春期は、思春期への入口という未分化の精神状態であるだけに困難ではあります。しかし、たとえ見えなかったとしても、日常的に子どもと教師の「信頼関係」が築けていれば、悩みや相談を抱えた子どもたちが、いまだ自己相対化が十分にできていなくても、ありのままの自分を直接打ち明けてくれたり、周辺の異変に気づいた誰かが、間接的に教師に様子を教えたりするものです。それが、担任とクラスの子どもとの、信頼関係性というものです。

「子どもときちんと関係を築くことができない」ということは、この事例に限った特殊なケースではありません。教師にとって、このような子どもとの基本姿勢にかかわる問題が、いま全国的におざなりにされているのです。また、子どもが理解できないと、嘆く教師も多くなっています。

教師の苦悩

では、全国の教師たちは、この事件をどのようにとらえ、何を子どもたちと考えたのでしょうか。日本教育新聞社が事件直後(二〇〇四年六月)に全国の小学校長(五〇〇人)、小学校教諭(一〇〇〇人)を対象に実施したアンケート調査があります。私もその分析に参加した調査結果を手がかりに考えてみます。

まず、事件をどう受けとめたのかについて、考察してみましょう。

「児童が児童の暴行で死に至った」点については、校長の六七・二%、教諭の五〇・〇%が「特に強い不安を感じている」と回答しています。反対に「感じていない」「あまり感じていない」は、校長ではゼロでした。その衝撃の大きさと、不安の広がりが予想できます。

次に対策としては、「「心の教育」「命の教育」の充実」が、校長で七九・七%、教諭で七六・九%となっています。「インターネットを利用する際のモラルや安全性に関する指導の強化」は、校長が五一・六%、教諭が四八・一%と続きます。まだまだ、抽象的、道徳的な教育手法に頼ろうとしている姿が見てとれます。厳しい見方をすれば、なんと楽天的なのでしょうか。「心の教育」や「命の教育」が破綻しているからこそ、事件が続発しているのではないかと疑わないのでしょうか。

一方、行政(国、教育委員会)に求めるものは、六四・一%の校長が「児童理解に関する教員向け研修の充実」で最多となっています。以下「配置教員数の増加」(六〇・九%)、「「心の教育」「命の教育」に関する教員向け研修の充実」(五〇・〇%)と続きます。やはりどうしても「児童理解」には自信が持てないようです。「高学年の心情を理解できないと感じるときがあるか」に対して、「よくある」が四・六%、「ときどきある」が六八・五%であるのに対して、「あまりない」は二六・九%でした。前思春期の理解にとまどっている様子がわかります。

何よりも驚かされるのは、子どもたちと「IT生活」の関係が今日では、いかに濃密になっているか、その実態への理解がきわめて弱いことです。たとえば、小学生がインターネット上に自分でホームページを作成し、公開していることについて「今回の事件で初めて知った」と答えた校長は、なんと四六・九%、教諭でも三三・三%に及んでいます。

さらに、インターネットの普及によって児童の変化を感じることが「よくある」(一八・五%)、「ときどきある」(六八・五%)と、合計八七%もの教師がネットによる子どもたちの「変化」を感じています。具体的には、「感情表現が乏しくなった」(四〇・三%)、「児童同士の人間関係が希薄になった」(三八・九%)、「会話が貧弱になった」(三三・三%)といいます。むろん、これらの論証には因果関係の慎重な解明や事例研究が必要です。

学校の三つの「なぜ」

佐世保児童殺害事件において、教師の多大な努力にもかかわらず、子どもたちと心がしっかりと向き合えなかったと思われる場面がいくつかみられます。それらは何を意味しているのでしょうか。三つの場面を取り上げて丁寧に考えてみたいと思います。むろん、当該小学校や行政批判が主目的ではないことはいうまでもありません。逆に事例に基づいた臨床教育学的な解明こそが、本件に潜む問題点を浮き彫りにし、今後の事件を防止するだけでなく、今日の全国の学校をおおう構造的な問題点を摘出することになり、改善へのヒントを与えてくれるからです。

①「平常どおり」の登校が行われた問題

本件は国際的に見ても稀有なほど衝撃的な事件であるにもかかわらず、事件の翌日には、全校の児童は母親に肩を抱きかかえられながらも、「平常どおり」に登校させられました。その様子は、テレビ中継を通じて全国に放映されました。驚いた視聴者も少なくなかったはずです。

ところで、このような事件が発生した学校は、これまでどのように対応してきたのでしょうか。たとえば一九九九年四月二〇日、アメリカのコロラド州デンバー郊外の公立コロンバイン高校では、男子高校生二人が銃を乱射し、一二人の生徒と一人の教師を殺害しました。その後、犯人の二人は図書室で自殺するという事件が起きました。この事件の場合は、三カ月間の休校処置がとられました。また大阪教育大学附属小学校における八人の児童殺傷事件(二〇〇一年六月八日)では、二カ月半休校にしたうえで、仮校舎で授業を再開(八月二八日)しました。その後、校舎も全面的に建て替えて、子どもたちの心のケアに万全を尽くそうと努力しました。また、二〇〇五年二月一四日に大阪の寝屋川市の小学校で教職員三人が、一七歳の卒業生に襲われて死傷した事件でも、当該小学校では三日間休校し、その間、教師たちは家庭訪問して学級の全児童の心のケアに当たったのです。

しかし、本事件では、小学校での同級生殺害というかつてない深刻な事態にもかかわらず、翌朝から、子どもたちを平常どおり登校させ、給食を食べさせてから下校させているのです。事件は前日の給食中に発生しており、そのショックから当然のことですが、給食に抵抗感を抱いた児童も多かったようです。私の聞きとりでは、学校側のこのような対応については、地域でも理解に苦しんでいるようでした。給食の発注がすでに済んでいたことや、共働き家庭では、一人で家にいなければならない児童が出ると心配だと考え、急に休校にできなかったなど、当然、学校としても悩んだようです。しかし、何を悩むべきか、悩みのレベルと質があまりにもずれていないでしょうか。集団カウンセリングの予定でもない限り、大阪の寝屋川の小学校のように、子どもたちにはまず、安心できる状態で過ごせる十分な時間が必要です。留守家庭の問題など、家族自身が工夫して解決できますし、第一、周囲の人々やPTAが支え合ってどうにでもできるはずです。むしろ、地域を頼らない学校に対して、地域の方は、不満に感じたようです。

本来なら、六年生三六人全員を自宅待機にして、各教員が手分けして、できればカウンセラー同伴で一軒一軒家庭訪問し、一人ひとりの心の状態を把握し、心のケアをするといった細かい対応が求められたのではないでしょうか。にもかかわらず、実際に家庭訪問が実施されたのは、夏休みに入った七月後半の六日間でした。本来、保護者との信頼関係は、こうした苦悩を分かち合うプロセスを経ることを通して深まるものです。学校と保護者との信頼関係の構築に成功すれば、事件後の子どもの指導はスムーズになり、心のケアも効果的に展開できるはずです。

②四年時の担任に会いたいという願い

事件発生時の担任は、その衝撃から長期間の入院を余儀なくされます。残された三六人の子どもたちは、すでに転出してしまっている四年生の時の担任との面会を望みました。

ところが、学校はいったん転出した教員を呼び、指導に当たらせることはできないと、子どもたちの要求を拒否してしまいます。地域からは、そのあまりの機械的な対応ぶりに批判の声が相次ぎました。工夫さえすれば、四年時の担任が週に何度か昼休みにでも顔を出すことなど可能なはずです。このような危機的な状況のなかで、信頼を寄せたかつての担任に会いたい、という子どもたちの要望をなぜ叶えてやれなかったのでしょう。これほどの緊急事態の下でさえ、子どもの願いを優先できなかった理由について、掘り下げて分析・検討する必要があるでしょう。大切なことは、子どもや親との信頼をつなぐということです。

③被害女児の机までも廊下に移動

九月に入ると、今度は加害女児のみならず被害女児の机まで廊下に出し、机上には彼女が大好きだったひまわりの〝造花〟が飾られたということです。

こうした「事件を一刻も早く忘れさせる」ような対応から、どうして「命の大切さ」を学ぶことを期待することができるでしょうか。カウンセラーが、子どもたちに「事件のことは忘れなさい」とアドバイスしたり、保護者に「マスコミにはしゃべらないで」と話したりしたことが、保護者にとっては、違和感とともに不信感を抱かせたようです。本来、クライアントの話をただ受けとめて共感すべき役割のカウンセラーが、一時的にせよ「指示・命令」まがいの対応を取ったとすれば、大きな問題です。同級生が亡くなった場合の教室風景は、生前に生活していた教室内の元の位置のまま、卒業式当日まで生花を生け続けるのが普通です。教育実践にとっては、事件を一刻も早く忘れさせることが当面の実践的課題ではないからです。

このことは、二〇〇四年一一月一七日に奈良市で、小学一年生の女児が下校途中に誘拐、殺害された事件をみても納得できます。子どもたちが、告別式で合唱した曲は「いつまでも友だちでいよう」でした。亡き友だちと、いつまでも心の中で生き続けることが、友人の死を通した「命の教育」の中心課題でもあるはずです。たとえ、現世から友人の姿がなくなっても、被害少女との生活をいつまでも共有しつづけることが大切なのです。無念にも彼女が果たせなかった夢の分まで、残された子どもたちが分担して勉強し、友情を深め、たくましく豊かに生きること。それが、「命の重み」を実感させ、「死」の意味を身近に考えさせる「心の教育」ではないでしょうか。残された者の「生き方」を問い直させ、いまを豊かに発展させることこそ「心の教育」や「命の教育」の本筋です。

見失われた「教育の心」

これら三つの場面に共通した問題点は、学校が形式にとらわれすぎて素朴な「教育の心」を見失っていることです。「子どもの心」になったり、「子どもの目線」に立脚したりしながら動けていないという一点に尽きます。加害者と被害者が同じ教室で机を並べていた関係であること、しかも、小六の女子間の殺人事件であるということ、さらには、給食準備中の学校の管理下における事件であることなど、どの点から見ても、あまりに衝撃的すぎる緊急事態だったのです。にもかかわらず、この事件への対応はあまりにも機械的、管理的に見えないでしょうか。緊急事態のなかで、子どもたちが求めていたものは、教師の自己開示した人間らしい動揺や涙であり、子どもたちの苦悩にとことん寄り添うことだったのではないでしょうか。

マニュアル的な危機管理や心理の専門家の派遣よりも、このような「人間としての教師」の、子どもと共に歩もうとする姿勢を見せることこそ、生きた「命の教育」や「心の教育」そのものではなかったのでしょうか。教師自身が自分の心を見せないで、テキストを読んだり、カウンセラー頼みの対応だけで、どうして、子どもと教師の信頼関係が築けるでしょうか。

事件後、「もし、自分があの時に、担任にもっとしっかり理解してくれるまで、加害少女の危険な行為を伝えていれば、事件は未然に防げ、起こっていなかったかもしれない」「だから、自分に責任があるのでは……」と自分を責め続け、不登校になったり、他に転校して苦しんだりする子どもが出ているのにも、そうした問題が影響しているのだと思います。

(3) 行政の事務的危機管理の問題

二つの疑問

稀にみる深刻な事件であったために、行政も、対応上の困難に見舞われたことは想像に難くありません。同情の余地はあります。しかし、それらの事情を考慮しつつも、やはりいくつかの疑問が残ります。二つに絞って考えてみます。

①殺害現場の学習ルームを教育相談室に変更する提案

第一の疑問は、市教委による提案内容です。

事件後のPTA総会は社会的な注目を浴びました。なぜなら保護者側が、教育委員会関係者の総会への参加を拒否したと各紙が報じたからです。この混乱の主な原因は、市教委が殺害現場となった学習ルームを、教育相談室に改造する案を出したためだったとのことです。

親たちが憤りを禁じえなかった理由は理解できます。もちろん、教育相談室の新設自体に異をとなえる親はいないでしょう。問題は、事件によるトラウマに苦しむ児童が多いにもかかわらず、なぜ、あえて事件現場を教育相談室に切り替えようとしたのか、その〝無神経さ〟にあります。

その後、市教委は、この提案に対して児童に賛否を問うアンケート調査を実施しました。その結果、事件当事者である六年生の意見を尊重して、当初の案を撤回し、花壇づくりへと変更したのです。

表面的には、これで一件落着したかのようにみえます。しかし花壇への変更プロセスそのものに関しても疑問が残ります。もともと、このような問題を児童に問う必要があるのでしょうか。大人の良識的処理ですますべき問題ではないでしょうか。トラウマを引き起こしかねない「事件現場」など、少しもためらうことなく、毅然として取り壊すことが望ましいはずです。

各学年ごとの細かな賛否の数に至るまで公表し、花壇に変更した経緯を明らかにする必然性がどこにあったのでしょうか。

一見、子どもの声に耳を傾けてはいるのですが、形ばかりで、「子どもの目線」に立ち、「子どもの心」に目を向けることができていません。

②文部科学省、県教育委員会における危機管理の問題点

第二の疑問は文部科学省、県教委の危機管理への対応の仕方です。事件発生後、文部科学省は生徒指導室長を含む三名を、佐世保に派遣しました。三名は、市役所に教育長と当該小学校の校長らを呼び、四時間半にわたって聞きとり調査を実施し、翌日には帰京したとのことです。これに対して、地元マスコミや市民から批判の声が上がったのは当然です。

事件発生の小学校までは、市役所から車で一〇分も要しない近距離であるにもかかわらず、当該校を訪問して事件現場に献花したり、直接教員に面会して話を聞くこともしていないのです。いかに地方分権の時代に入ったとはいえ、「地方教育行政の組織及び運営に関する法律」四八条の、文部科学大臣は都道府県や市町村に対して「必要な指導、助言又は援助を行うことができる」という文言はそのまま生きているのです。援助の例示には、「学校の組織編制、教育課程、学習指導」「学校における安全」も明記されているのです。

全国の自治体に向けては、「事務連絡」(六月四日付)なる文章で、「重大事件を受けた文部科学

大臣談話の発表について」や「全国の生徒指導担当主事への指導の徹底の要請とプロジェクトチーム結成について」などの基本方針を出しています。しかし、このような官僚的な調査と通知では、現場に対する即効性のある支援策を期待することはできません。

その証拠に、佐世保事件から約一カ月後の七月に、新潟県三条市で小六男児が、刃渡り二二センチの柳刃包丁で、同級生に切りつけ六針縫う負傷をさせる事件が、同じく昼休みに発生しています。死には至らなかったものの、佐世保事件と共通する要素が多い事件でした。

当時の河村文部科学大臣の発言も、危機管理上の原理・原則から外れています。たとえば、佐世保事件の六年生の学級担任が精神的衝撃から入院を余儀なくされると、「子どもたちは登校しているのだから、担任もがんばってほしい」旨のコメントを発表しました。これは、このような状態の患者に対して、最も口にしてはならない一言でしょう。

当時、一一九番通報を受けて現場に駆けつけた救急隊員三名は、「惨状ストレス」とみられる症状を訴え、専門家のケアを受けなければならないほど現場は凄惨だったのです。惨状に慣れぬ教員が精神的安定を欠いたとしても、不思議ではありません。むしろ、休養するようにサポートする発言こそ望まれたはずです。子どもたちも親も、また行政も含めて、そのような大臣の発言に安心し、早く立ち直ろうとする元気や勇気も湧いてくるものです。

国がこのように官僚的対応であったとしても、県段階ではもう少し血が通った対応ができるはずです。しかし今回、県は国と五十歩百歩だったといわざるをえません。というのは、市教委に一学期末まで常時派遣されていた支援要員は、県の佐世保教育事務所からの担当指導主事一人だけだったからです。県本庁からは一人も投入されていませんでした。当該小学校へは、事件発生から三七日目の七月七日に至って、ようやく加配教員一名を配置するというきわめて遅い対応でした。カウンセラーや「子どもと親の相談員」の配置など、心のケアに偏重し、教育実践本体としての学校の実践を、全体的に直接支援する体制や配慮に欠けていたといわざるをえません。

むろん、それぞれの組織にあっては、公表できない内部的な困難は想像を絶したことでしょう。しかし、それが現場や外部には伝わってこないのです。県教育長は二週間以上も過ぎてから「保護者の皆様へ」(六月一八日)と題する声明を発表しましたが、これも、あまりにも対応が遅すぎないでしょうか。

関係者の全力投球にもかかわらず、人間味に欠ける機械的な対応になってしまうのは、なぜなのでしょうか。全国に共通する教育行政の「体質」や「制度」の問題として、大胆に改善のメスを入れる必要に迫られています。

4　空洞化する実践

現地行を通して

事件発生後の八月、私は、現地佐世保に赴きました。現地行は、以下のスケジュールでした。

①市教育長との懇談
②事件発生の小学校の校長、教頭、担任教諭ら全教員と事件に関わる研修会
③子どもＮＰＯ組織主催の市民向け講演
④現地のテレビ、新聞記者らとの会見
⑤市内を中心とした小・中学校の教員との深夜に及ぶ懇談

これらに加えて、加害女児の住居周辺や市内視察を果たしました。こうした現地における多様な立場の人々との交流や協議、視察、調査を経ることによって、先の疑問に対する答えが少しずつ鮮明になってきました。

実践の空洞化

それは、端的に言えば実践が〝空洞化〟しているということです。

つまり、実践の多くが子どもの心のフィルターを通して成立していないこと、すなわち「子どもの目線」に立てていないのです。たとえば、長崎県ＰＴＡ連合会と県ＰＴＡ連合会母親委員会が、二〇〇四年一〇月から四カ月間集中して取り組んだ「踏みだそう　子どものための第一歩――緊急取組五項目」には次のような項目が並んでいます。

〈家庭〉
一、毎朝、子どもの顔を見て、あいさつを交わします。
二、テレビは、時間を決め、番組を選んで見せます。
三、子どもと話し合い、コンピューターを使う上でのきまりをつくります。
〈学校〉
四、授業参観や学校行事があるときは、学校へ参加します。
〈地域〉
五、地域の方々や子どもたちに「あいさつ・声かけ」をします。

これらのスローガンに加えて、「取組カレンダー」を配布。「「実行した日」や「できなかった日」をチェックしてみませんか」とコメントが添えられています。

ここにみられる「あいさつ運動」は、いまや全国の学校で行われています。ある中学校区では、「あいさつで心かよわす町づくり」運動が行われています。二〇〇五年六月から〇六年三月までの第一週、時間帯は七時五〇分〜八時一五分、三校の通学道路が指定され、「あいさつ日本一」を目標にしています。

ここまで徹底させようとする地域の悲愴感は伝わってきます。しかし、これらが、どんな意味があり、どのような効果が期待できるのかは、明らかではありません。こうした運動がどんな意味をもつのか、一度立ち止まって「子どもの目線」に立って、じっくり考えてみるべきではないでしょうか。なぜなら、佐世保事件の加害少女は、「明るく笑顔であいさつができる子」(記者会見における学校長発言)だったからです。あいさつができない子が事件を起こしているのではないのです。すなわち、あいさつができることと、子どものストレスや事件とは必ずしも関連していないのです。子どもにとって、大人が何を求めているのかを察知することはたやすいのです。どんなに心が沈んでいても、笑顔であいさつを交わすことぐらい、簡単にやってのけることを逆にこの事件は証明しているのではないでしょうか。つまり、明るくあいさつを交わせる町づくりは素晴らしいことなのですが、このような事件防止とは、必ずしも直結しないのです。

にもかかわらず、事件が起きると全国的に〝運動〟として展開されるのは、大人が「好ましい子ども像」をつくり上げ、そのような子どもづくりを運動として実施しているからではないでしょうか。

「新しい方法」の限界

長崎県教育委員会は、相次ぐ事件を受けて二〇〇五年四月には、小・中学生が生と死について学ぶ道徳的教材集を作成しました。原爆や精霊流しをはじめ、身近な事柄から、生きることだけでなく、生と死の両面を学べるように工夫した題材を集めています。どれも感動的でよくできています。しかし、むしろこうしたすぐれた題材をどう生かすのかが重要なはずです。「心」や「命」の教育だけでは不十分、今度は「死」の教育をといった発想で、新しい方法を取り入れるやり方には、疑問を感じざるをえません。

子どもの心をつかみたいという気持ちから、子どもたちの心を担任が把握し、それを次年度にも引き継ぐための、「心のカルテ」が導入されました。これも、心の専門家ではない教員にとって、何をどう記録すべきか「新たな重圧」となっています。

むろん、行政のどの取り組みにも熱意は感じられます。しかし、創造性や柔軟性、伸びやかさに欠けていないでしょうか。またどれも上部から末端へ、上意下達的な取り組み方が多いのではないでしょうか。現場や児童の声に率直に耳を傾けるといった、教育や子育ての原点ともいえる視点が薄れていないでしょうか。現場から意見を吸い上げ、子どもをサポートするという対応の仕方に行政は習熟していないのかもしれません。管理主義に陥ってしまう主な原因は、ここにあるように思います。

形と結果にこだわらず

次々に対策の手を打っても、それらが結局形だけを追い求め、結果だけを評価したり、運動化し、さらには競争に発展したとたんに、実践は空洞化します。その結果、本来の願いとは反対に、子どもたちの心さえもつかめなくなってしまうのです。なぜなら、形をつくり、結果の数字さえ達成すれば、教師は安心し「満足感」を得られるからです。

とりわけ自我に目覚め、大人から自立し、自己確立をはかろうともがく思春期の子どもたちが相手だからこそ、形の強要は、大人と子どもの距離を開ける結果となります。大人とは、そんなものだという〝見限りの大人観〟を育てます。どんなに揺れる心にも伴走するサポーターとしての大人の姿が見えなくなってしまいます。思春期の子どもの声に耳を傾けないで、大人が一方的に動けば動くほど、子どもたちは、演技をしたり口を閉ざしたりしますから思春期の本心は見えなくなっていくのです。

第三章　思春期の意味を問い直す

――成長への条件を奪われる子どもたち――

1　成長への条件を奪われる現代の思春期

ここまで述べてきたように、現代の子どもをとりまく状況は思春期をうまく成長できない、生きづらい社会になってしまっています。子どもが成長していくうえで、重要な思春期の意味を改めて考え直す必要があるのではないでしょうか。

この章では、現代において思春期をどうとらえ、いかに育てるのか考えたいと思います。

生きづらい青年期の様子

今日の思春期問題を考察する前に、そこをくぐり抜けようとしている思春期後期（一八歳から二一歳）の実態について眺めておきます。前思春期から初期、中期に至る〝今日の思春期〟の実態や発達課題が、より鮮明に浮き彫りにできると考えるからです。

私が大学教育に専任教員としてかかわるようになってからというもの、学生との日々はいろんな意味で新鮮です。これまでも、一〇年以上非常勤講師として接してきましたが、その時には見えなかった学生のリアルな姿に気づかされるからです。自分の置かれた立場の違いが、かくも見方を変えるのでしょうか。あるいは、この二、三年で大学生の方が急に変わったのでしょうか。とにかく、いくつかの大きな変化を感じることがあります。

第一には、コミュニケーション・スキルの欠如の問題です。いまや大学の新入生に対する「配慮」は、高校よりもゆき届いているかもしれません。四月の授業開始までに、大学生活や授業になじめるようにと、「友だちづくり合宿」(オリエンテーション合宿)を実施する大学も珍しくありません。

第二には、保護者(親)の大学へのかかわり方が以前とは比較にならないほど強くなっていることです。入学式への父母の参加は当然のことのようです。「一名に限定させていただきます」とでも断り書きを添えないと式場の座席が足りなくなるといいます。入学式翌日の保護者会なども、参加者であふれかえっています。年度途中でも、地方へ出向いての父母会や個人面談、あるいは校内では日曜日に学部ごとの父母会や授業参観まで開催されています。小・中・高に劣らず参加率は高いようです。

私のようにかつて中・高生を教えてきた経験のある教師からみると、今日の大学への父母の参加状況は不思議な光景にさえ感じられます。これでは、欠席や遅刻の電話を母親が直接大学へかけてきたり、成績通知は建学以来学生本人にしかしないという伝統を誇ってきた大学までもが、親元への通知を採用することになったりしたことも理解できる気がします。つまり、大学生にもなって、〝母子分離〟が完了していないのです。放っておくと、単位取得も就職もままならなくなる心配もあるようです。学生をニート化しないために、大学側も必死の様相を呈しています。

しかし、もちろんこれらの現象をもって、大学生を一面的に批難しようというわけではありません。なぜなら、いま青年が、かつて大人が経験したことがないほど生きづらい時代を生きているからです。これらの大学生の〝退行〟現象も、青年の思春期における発達不全現象の一例ととらえることもできます。単純に叱責したり、指導を放棄して済む問題ではありません。

ひきこもり

思春期の発達不全による今日の青年期の生きづらさは、どのようなものなのでしょうか。それを象徴している「ひきこもり」と「ニート」という二つの現象を分析することで、考えてみたいと思います。

まず「ひきこもり」の問題です。ひきこもりは少なくとも四一万人(厚生労働省のデータに基づく試算)から、多くみて八一万人(「社会現象としての「ひきこもり」」臨床教育研究所「虹」、二〇〇一年)を超えているといわれています。平均年齢は二六・六歳、男性が八割を占め二十代から三十代以上が全体の九割にも達しているというデータ(「「ひきこもり」問題と社会はどう向き合うべきか――六〇〇家族の声にみる解決と支援への提言」臨床教育研究所「虹」、二〇〇二年三月）から推測されるように、社会とはもちろん家族とさえほとんどコミュニケーションがとれず、家族ぐるみで苦悩を深めています。一五歳以上一八歳未満のひきこもりは、わずかに四・一％（同前、二〇〇二年調査）ですから思春期後期から、あるいは大学卒業後就職でつまずいている人たちのなんと多いことでしょうか。これらの実態から小・中学生の不登校児童・生徒をひきこもりと一緒にするのは、基本的に誤りであることがわかります。

またひきこもりから脱出することも、いかに厳しいかを予感させます。ひきこもりの親への「具体的にどのようになることを解決と考えていますか」との問いに対して回答は図３－１のとおりです。そこには次のような特徴がみられます。

第一の特徴は、「親しい友人」を強く求めている（六六・八％）ことです。これは易しそうですが、学童期や高校時代とは比較にならないほど困難な課題です。

なぜなら、三〇歳以上のひきこもりの若者が全体の二九・一％も占めている状況があるからです。高校時代までの友人も次第に就職、転勤、結婚、出産、子育てなど、生活スタイルや環境が変化します。そのようななかで自分だけがひきこもった状態で、友人との交友関係をいつまでも持続させることは困難だからです。また、この年齢になると、日常的な人間関係は職場や仕事を通した付き合いが中心となり、就労していないひきこもりの若者にとっては厳しい状

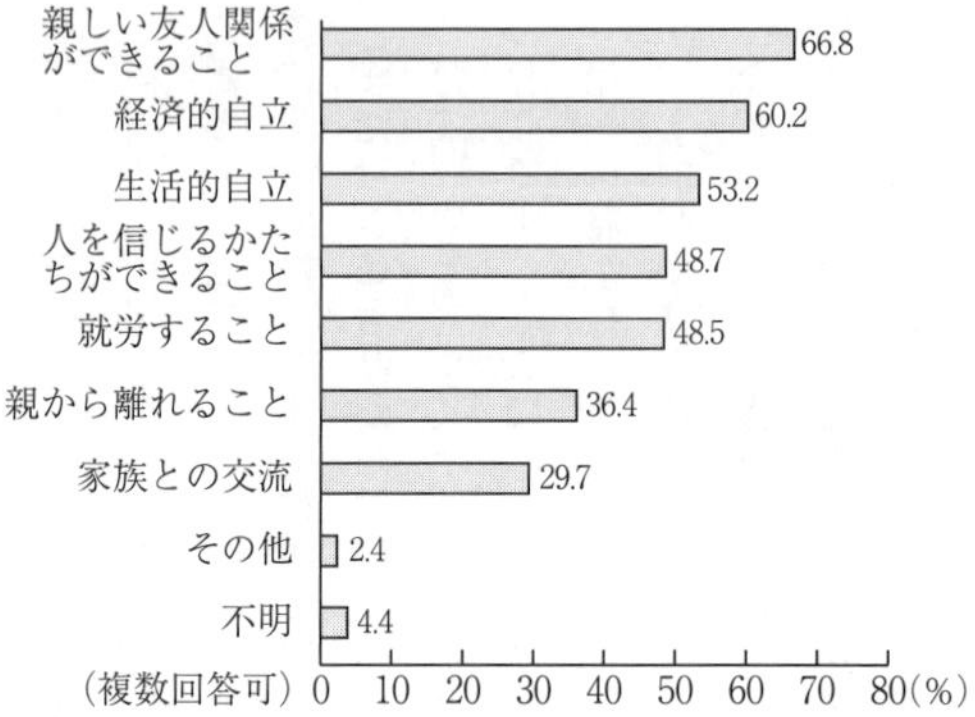

（臨床教育研究所「虹」調査，2002年実施）

図3–1 ひきこもりからの脱出のイメージ＝どうなれば解決と考えるか

況といわざるをえません。したがって、高年齢化する一方の現在のひきこもり問題のなかにあっては、「友人づくり」「仲間づくり」は、ある意味では最も優先して配慮し、対策を練らなければならない重要課題といえるのです。

また、「人を信じるかたちができること」や「家族との交流」の回答率がそれぞれ四八・七％、二九・七％あることからも、いかに人との関係づくりを願う気持ちが強いかわかります。

第二には、「就労すること」（四八・五％）、「経済的自立」（六〇・二％）、「生活的自立」（五三・二％）など〝自立〟を強く望んでいることも明らかです。

また〝家族への依存からの自立〟も注目されます。「親から離れること」が三六・四％を占めています。ひきこもりは思春期の発達課題を積み残していることも大きな特徴とされています。この点を考慮すると、安心して依存すべき「友人」関係が構築できていない状況のままで、ひきこもりの若者の精神的自立を支え、親からの精神的な自立を遂げさせることは、至難のわざといわなければなりません。

ニート

次にニートの問題です。この問題を考察する前提として、まず第一に、相変わらず就職が厳しいという現実があります。生活権、労働権、生存権さえ奪われかねない状況です。そのような社会的背景から、ニート問題は噴出しているのです。

この一、二年、急にニートという言葉が大流行しています。イギリスで使われていたこの言葉は二〇〇三年に日本でも紹介されました(「諸外国の若者就業支援政策の展開――イギリスとスウェーデンを中心に」日本労働研究機構・若者政策比較研究会)。

ニートとは、イギリスでは、一九九〇年代後半から目立つようになった、卒業や中途退学で学校を離れた後、職業生活に入らず、政府が提供してきた職業訓練も受けないでいる一六歳から一八歳の若者たちの状況を指しています。これをイギリス政府は「ニート」(NEET = Not in Education, Employment or Training)と呼んだのです。一六～一八歳人口の九%(一六万一〇〇〇人、一九九九年)を占めるとされています。現在では、ニートから脱却するための個人への支援策E

ET(in Education, Employment or Training)に転換しようとしています。

日本では、「一五歳から三四歳の独身者で、学校にも行っていなくて、働いてもいない、また求職活動もしていない若者」という定義になります。『労働経済白書』(二〇〇四年)では、「在学も通学もしていない、かつ、結婚しておらず家事もしていない非労働力人口」とし、約五二万人と推定しています。二〇〇五年版同白書では六四万人としています。しかし、内閣府の推計では八四万七〇〇〇人となっています(青少年の就労に関する研究会、二〇〇五年)。内閣府調査では「家事手伝い」の二一万人もニートに含め、「労働力調査」の方法でも「ふだんの状況」で無業かどうかを判断しています(白書では、「月末一週間の状況」のみ)。このために二つのデータは大きく異なっています。「若者自立・挑戦プラン」(経済産業大臣、厚生労働大臣、文部科学大臣、経済財政政策担当大臣、二〇〇三年六月)の視点から見ると、内閣府のとらえ方のほうがより本質的で効果的でしょう。

最近、ひきこもりもニートに含めて論じられる傾向が強くなっています。しかし、労働の形態面からとらえるとひきこもりもニートの概念に含まれますが、精神状況や本人の受けている社会的圧力の強弱を考慮すると、ニートとの連続性のなかでとらえつつも、明確に分別すべきでしょう。そうしないと、ひきこもり問題の深刻さがニートの影にかくれてしまうからです。有効なひきこもり対策を打ち出せなくなる危険があります。

ニートを生みだす社会的背景には、社会的モラルの崩壊現象の影響などもあり、いつまでも「先行き不透明」な社会状況が続いていることが考えられます。その結果、青年期の特性である夢を持つことが困難になり、挑戦へのチャンスも奪われているのです。抽象的な道徳のレベルにとどまらず、実際に企業の不祥事や悪質な行為にみられるような企業社会の倫理観の急速なメルトダウンも起こっています。

また身近にサクセスモデルがないために、常に心が揺れていて少しの困難にも動揺してしまい、働くことをはじめ青年たちの人生設計を描きづらくさせています。生きるため、働くために目指すべきモデル、目標が不在で夢が持てないことほど、青年に強いストレスを生じさせることはありません。

青年に対しても、これまで社会やメディアは子どもに対してと同様のバッシングをくり返してきました。「パラサイト・シングル」論にしても、その語られ方をみると青年たちを揶揄し、大人や社会の責任には目を覆ってきた傾向がありました。その意味では、社会全体も、子ども・青年の諸現象に対する分析が甘く、二元論的な感情論が横行する時代に突入しているのかもしれません。

新しいコミュニケーション不全を増幅させるケータイ

ひきこもりやニートに共通しているのはコミュニケーション不全という問題です。ひきこもりやニートに至らないまでも、コミュニケーション不全が青年層にも広がりつつあります。青年たちが集うキャンパスでは、現象としてうかがうこともできます。

学生たちは、自分のコミュニケーション不全について、どのように捉え、どう感じているのでしょうか。私は、二〇〇四年一一月にアンケート調査を実施しました。対象は、私の授業を受講する百四十名余りの学生です。そこには、学生間のコミュニケーションにおける今日的な新しい問題点を浮き彫りにする自由記述が見られました。

とりわけケータイは、今日の学生たちのコミュニケーション・スキルを一方では高めつつ、他方ではいかに対人不信を引き起こし、「新しい対人困難」を発生させているかが、次のようにリアルに浮き彫りにされました。

・「携帯はとっても怖いです。表面的には仲良くなさそうにしているのに、実は仲がいいとか。携帯で誰がつながっているのか考えて怖くなるときがあります。大学に来てから、心から相談していない、笑えていない自分が多いと思います。なかなか腹を割って話せないです」

・「チャットや2ちゃんねるでは自分を出せるのに、実際の人との触れ合いの中では自己表現が出来ない。そんな状況は、僕が小学生の頃はなかった。現代特有の問題だと思う」

これらの嘆きは、かつての学生にはみられなかったものです。また次のような場面を通して、人間関係の構築に新しい困難をきたしていることがわかります。

友だちと一緒にいる時に、その子が携帯のメールをしていると、私はこの子にとって何なのだろうと思ってしまう。目の前にいる人を大事にしてほしいなあ。だから私は友だちといる時に、携帯をあまり使わないようにしている。携帯で支えられる時と、そのように寂しくなる時がある。

このような今日の大学生のコミュニケーション上の新たな困難に対して、大学教育でも試行錯誤しつつも、人とつながるための多様な取り組みを開始する必要があるのかもしれません。しかし中・高生は、もっと早い年齢から、このような環境におかれているのですから、その影響にも大きなものが予想されます。

2　思春期とは何か

先に述べたニートや現代の青年が抱えるコミュニケーション不全を克服し、強い自己肯定心情をもつことができるようになるためにどうすればよいのか、思春期の発達特性やその克服課題について考えてみましょう。

第二の誕生期

まず思春期の重要な発達課題は〝自立〟ということです。つまり、「自己同一性(ego identity)」を確立することで、これまでの親や教師に頼ってきた〝他律〟的な自己から脱却し、自己を相対化し、客観的にとらえ直そうと試みるのです。つまり、「これこそまぎれもない自分である」という、自己同一性を獲得するための精神的な自立を遂げるためにもがくのです。高次の社会的機能や抽象的な思考および状況判断能力の発達とともに、親からの段階的な自立が開始されます。しかし、人間は動物の場合とは異なり、独り立ちのための条件も、能力的準備も何もかも完了していないにもかかわらず、「とりあえず」身近な大人たちの束縛から逃れようと反抗します。こうして自己選択し、自己決定を急ごうと焦るのが最大の特徴です。したがって、この時期の子どもたちは、自立をめざそうとすればするほど、そのための諸条件は何一つ整っていないために、逆に他者である友だちへの依存を強めざるをえないという根本的な矛盾にぶつかるのです。ひきこもる青年たちの多くにも、以下のようにこれらの特性がみてとれます。

僕は、自分の意志でこの世に生まれてきたのではない。気がついたら、「ここにいた」。まわりに、得体のしれない世界。いつの間にか成立していた〈自分〉というもの。引き受けようと、努力した。「与えられた自分」を「自分で選びとった自分」に転化させようとして失敗し、途方にくれてしまったのがあの状態だった。

（上山和樹『「ひきこもり」だった僕から』講談社、二〇〇一年）

このような葛藤から脱出するために、彼らは気のおけない〝友だち〟の世界へと依存します。そこで、自分とよく似た波長の合う仲間の一面をシビアに眺めながら安堵して自己を相対化し、ゆっくりと自立へのプロセスを歩むのです。むろん、これは単純な「作業」や容易な「営み」ではありません。苦難の連続です。他人を傷つけたり、自分自身もボロボロの精神状態に陥ることもあります。しばしば、自分でも自分がわからなくなり、イライラを爆発させたりします。キレることも珍しくありません。したがって大人の側から観察すると、現象としては、ハラハ

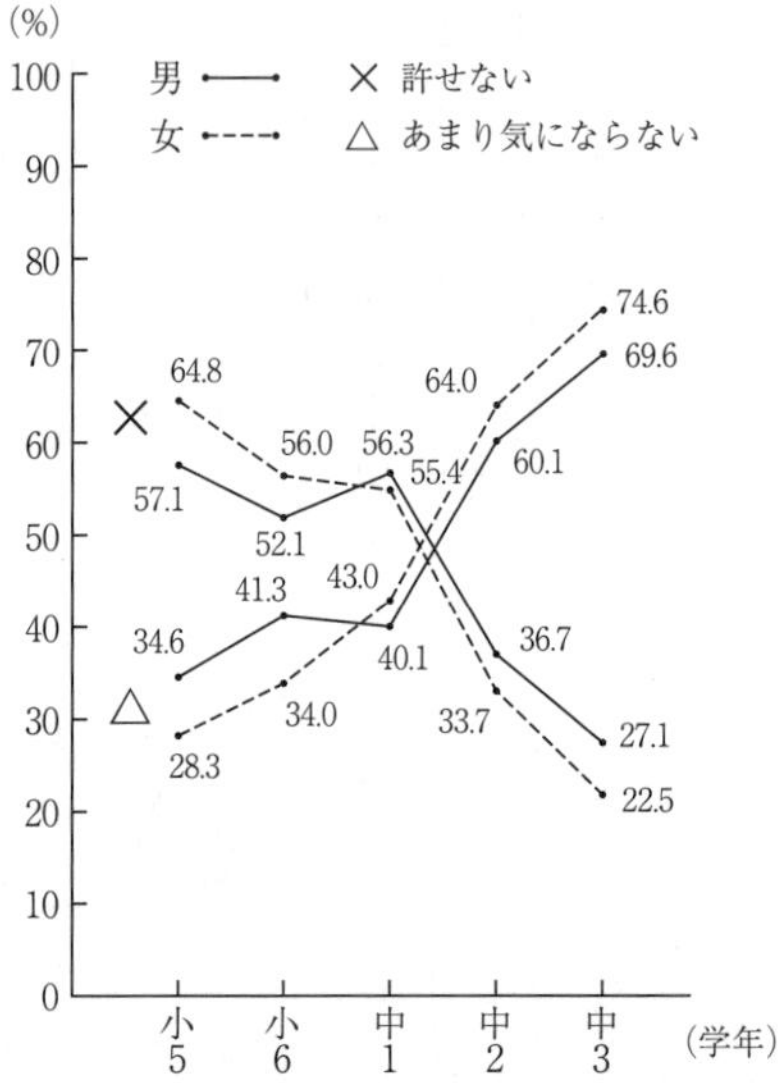

(練馬区内 8800 人の小・中学生の意識調査)

図 3–2 チャイムが鳴って授業が始まっても，廊下や階段で遊んでいて，なかなか教室に入らない

ラの連続、危険で不安定な精神状態そのものといえます。自立心の強さや教師からの独立、友だちとの同調圧力によって、日常生活の規範意識は一時的には急激な低下を見せます（図3－2、3－3参照）。このような変化の最初が一二歳です。中学一年生では、善と悪が交差するほど激しく揺れ動きます。いじめや不登校が急増するのもこのような思春期の心の変化、すなわち「成長」と深いかかわりがあるのです。このように、ジグザグをくり返しながら、心の揺れは一七、八歳まで続くケースが多いものです。いわゆる「第二の誕生」期の典型的な姿です。しかし、誰でもこの苦闘の闇をくぐり抜けない限り、大人に依存した「子ども時代」に別れを告げ、自立した大人になることは不可能です。むろん、個人差が大きく、その程度や期間は千差万別です。

思春期は、以下の四段階に分けることができます。それぞれに特徴的です。

①前思春期（小学校高学年）

急に背が伸び、親離れを目前に、母親にいばりながらも甘えます。

②思春期初期（中学生）

初潮、声変わり、夢精など身体的変化が出現し、その共感から同性の仲間と親密になり、母親離れが始まります。同性愛段階と呼ばれ、スターなどに憧れ、将来の自分を夢みることも多くなります。

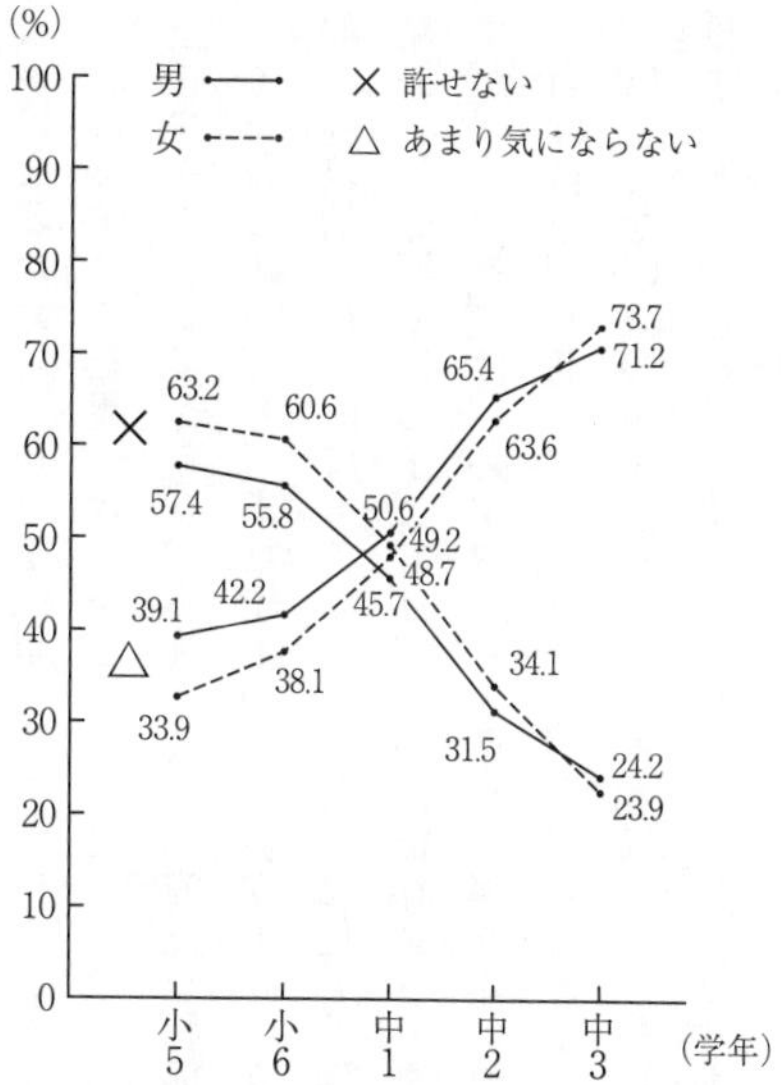

（練馬区内 8800 人の小・中学生の意識調査）

図 3-3　忘れ物が多く，提出物をきちんと出さないで先生に叱られても少しも気にしない

この時期は元来、「第二の自分」が登場しはじめ、自分とは何者か、どこから生まれてきて、どんな世界に行こうとしているのか、人生的、哲学的な疑問に出くわすときです。自分の内面世界も相対化することができる

ようになるために、自分は二重人格者ではないだろうか、あるいは偽善者ではないのだろうかと悩みます。また親や教師など身近な大人への不信感も大きくなります。なにより本人自身に当惑することも多くなり、精神的にも不安定な状態に置かれるのです。

すなわち親からも、また先生からも自立を図ろうとするのです。しかし、肉体的にも、精神的、経済的、社会的にも自立できる条件は何も準備されていないので、実現できません。その結果、思春期初期の子どもは、何かに依存せざるをえなくなります。その依存相手は友だちですが、その際には、必ず似た者どうしが集まるのです。見た目にはまったく異なっていても、内面は自分と共通した考え方をもつ友だちと仲よくつきあうことになります。

自立したい気持ちが強まれば強まるほど、こうした友だちへの依存は逆に強まるという、一見すると矛盾した精神状態に置かれることになります。したがって、本人もどうしてよいかわからぬ、もやもやとした毎日が続くことになります。また、口を出されるとうるさくてたまらない、自分で決めたい、一人になりたい、構わないで放っておいてほしい。親に対して、そうした気持ちを持ちながらも、一方ではベッタリ甘えたい自分の気持ちに気づき、うろたえることもあります。

「真っ暗なトンネルのなかにいて、出口も入口も、上も下もわからない」と、この時期の心の内面を吐露した子どもがいましたが、まさしく的を射た表現といえます。親が友だちについて悪口を言ったりすると、猛烈な剣幕で怒るのは自分が依存している「第二の自分」である友だちへの攻撃が辛いからなのです。

どんなにもがき続けても出口が見つからない。その闇のなかで、唯一友だちだけが自分の苦しみを理解し共有してくれる存在となります。友だちとは宇宙空間を、いわば命綱でつながって浮遊しているような関係なのです。

③思春期中期（高校生）

二次性徴が完成し、心は自己愛的になったり自己嫌悪に陥ったりして揺れ動きます。文学、哲学などに深い理解を示し、個性的、思索的になります。

④思春期後期（高卒後）

自己の価値観、職業、伴侶を模索しアイデンティティを確立しようとします。

このわずか数年間の厳しい思春期の揺れをのりこえるためには、二つの発達的な課題に挑まざるをえません。つまり、身体的にも精神的にもこれまでの少年期とは異なり、大人へと飛躍することになります。

思春期の発達そびれ

このように思春期の特徴をみると、先述した今日の青年層の生きづらさには、明らかに思春期の発達そびれともいえる要素が大きく作用しているといえます。本来は躍動する一二歳から二一歳までの思春期のあり方を、大人の無理解によって保障されてこなかったように思えてなりません。コミュニケーション・スキルの不全や親からの自立が完了できていないことが遠因となって、ひきこもりになってしまいます。社会のなかでの自己の有意味性を把握して、自己実現しながら豊かに生きることができないという状況にあります。他方、自尊感情の低さは、そのまま弱い立場にいる人々へのいじめやバッシングにつながりかねない危険性もはらんでいます。たとえば、過度の塾通いなどによる少年期(ギャングエイジ)の喪失や生活の画一化は、大人から隔絶された「子ども集団の世界」を作ることを妨げています。その結果、仲間と連帯する機会をつくらせず、それによって自信喪失をもたらし、自分らしい個性的な考えをもった思春期の子どもを育成することを妨げています。

本来は希望に燃えて入学するはずの中学校でも、「小・中一貫」校として、徹底した競争原理を貫く「学校選択制」に組み込まれようとしています。また中学校三年間の全生活を高校受験に向け、評価や自己PRカードで縛ってしまったりするような状況では、教育政策こそが子どもたちの思春期の発達を奪っているのではないかと感じられます。学校はもっと大胆に子どもの参画を進め、二一世紀を生きる「地球市民」の育成に努めなければならないのではないでしょうか。

また、自分の夢の実現を子どもに託す代償行為としての「わが子愛」におぼれたり、職場のイライラと多忙さのあまり、わが子に関心を払えない親も急増しています。これでは、思春期の子どもたちは、安心して自己変革できる土台を喪失したも同然です。

3　思春期の感性をゆさぶる

思春期に対する接し方

では、こうした時代のなかにあって、思春期の子どもたちとどう接したらよいのでしょうか。実は時代が変わっても、その基本は変わらないのです。すなわち子どもを丸ごと受け入れ、受けとめることに尽きます。

自分が親や家族から愛されていることを実感できる子どもは、他人のことも大切にします。すなわち教えるより感じさせることです。心に元気をみなぎらせることです。このことをエンパワーメントと呼びます。もちろん、いけないことは「いけない」とはっきり示すことも大事ですが、その場合も押しつけは禁物です。親の意志を示したら、さっと引き、あとは、子どもを信頼して、子どもに判断を任せることが大事です。

すでに述べたように、最近の少年による凶悪事件は、ほとんどが「まじめな子」の犯罪です。これには明確な理由があります。つまり、「まじめな子」は「大人好み」を演じ続けているために、大人の「自己愛」を満足させることが上手なのです。したがって、いつも「まじめな子」として褒められ認められます。しかし、そうした子どもは、他者の誰でもないかけがえのない「自己」に気づくことも、アイデンティティを形成することもできません。また大人の側も自分の子どもに対して、自意識が発達する独立した「他者」であるという自覚がなかなか育ちません。ところが、子どもの側が親のいうことを受け入れない「手のかかる子」であれば、親もわが子をもてあまし、必然的に「他者」として対応せざるをえません。したがって親にとっては、わが子を「他者」として認めつつも、ともに生活し合うパートナーシップが求められているのです。

学校と教師にできること

では、学校や教師には何ができるのでしょうか。

まず、第一には、子どもの目線に立ち、子どもをありのままに受けとめ、寄り添うかかわり方、関係づくりを大切にすることです。無口な少年の目線に立って考えると、口を閉ざすのは、たとえばいじめや虐待への最大の抵抗であり防御のためであることがわかります。

ところが、第一章で取り上げた山口の爆発物事件の例では、授業中指名しても答えない少年に対して、教師が易しい問題を工夫して当てるという、「配慮」をしていたことが学校側の説明で明らかになっています。これでは本人には、屈辱的だったのではないでしょうか。教師も生徒も一緒になって自分を馬鹿にしているとしか映らなかったかもしれません。加害少年の口を開かせるという表面的な形にばかり執着する指導は、同じような行為を生徒の間に誘発する危険さえはらんでいます。なぜ、コミュニケーションを拒絶するのか、その少年の心に寄り添うかかわり方こそ求められているのです。

第二には、教師自身が己の心に素直に反応し、自己の内面世界を開示して動くことの教育的意味の重さです。山口の事件でいえば、皆勤の加害少年が、授業開始後五分、一〇分過ぎても教室に姿を現さなければ、「どうしたの」と素直に反応し、いったん授業を中断してでも探す感性が求められます。それは、その少年一人に対してだけでなく、何よりも「一人ひとりを大切にする」というクラス全体へのメッセージにもなるのです。また、実際に生徒を動かすことにより、「一人も落ちこぼさない」という教師の教育姿勢を確実に伝える効果が期待できるのです。ひいては、教師に対する信頼形成にもつながることはいうまでもありません。

この事件では、周囲の多くの子どもたちは事件化への予兆を敏感に感じとっていたようです。

しかし、誰も教師に伝えませんでした。子どもとのさり気ない交わりのなかから、教師は個々の子どもの苦悩や喜びを肌で感じとれるしなやかな感性の持ち主であってほしいと思います。「心の教育」が叫ばれて久しいです。しかし、「心」とは、とり立てて「教える」べき課題ではないはずです。むしろ具体的な教室場面において、個々の教師が、子どもの感性をゆさぶるかかわり方を意識するなかで、結果的にやさしい心を獲得するのではないでしょうか。

第三には、教室内の多彩な生活や文化活動を呼び起こすことです。小さなトラブルも含めて、子どもたちが多様に交流し、豊かな感性が育つ時間と空間を提供することです。皆勤に対する表彰や、校則を厳守させる生徒管理の強化ではなく、教師も含めて多様な「人間交流の場」としての学校づくりを推し進めることこそ求められているのです。

いま、感性をゆさぶる生徒指導を確立するためには、子どもの目線に立てる教師、人格において子どもと対等で、かかわり方も双方向性のしなやかさを保てる教師、そして思春期の発達をじっくり見守る心の広い教師こそ、求められているのです。

思春期反抗にうろたえる親

では思春期の子どもたちをもつ親の側の実態はどうなのでしょうか。

親の方も地域や職場コミュニティが崩壊しつつあるだけに、近所の「おせっかいおばさん」

や職場の「世話やき上司」に子育てや思春期との向き合い方のコツを伝授されるチャンスもなくなり、悩みもかつてに比べると稚拙になった感があります。たとえば中学生の子をもつ親に対して行った次のアンケート結果のように、親が幼稚化し、子どもの問題というよりもむしろ、どれも〝親の問題〟ともみられます。今日の思春期の子どもが、発達しづらい要因の一つに、子どもを育てる親の力量が落ちたことも考えられます。

〈男子のケース〉

「遊びに出ると夜おそくまで帰ってきません。言うことはきかないし、無口ですし、どのように、コミュニケーションをとればよいのでしょうか」(四十代女性)

「がんこな主人が、指摘して叱りはしてもきき入れないので、ぶつかりっぱなし……。お酒を飲んで何度も同じことをいいきかせたりする状態で、二人とも平行線です。主人は息子(中二)をガツンとたたくと、息子も叫んで、足をふみ、壁をけとばし……それが夜中の時間帯であれば、近所にも響くし、下の二人の子(小一・小二)もおびえて……。主人がいる日は、いつぶつかりあうかと思うとびくびく」(三十代女性)

〈女子のケース〉

「女子中学生の友人関係について疑問に思うことがあります。とても仲良く遊び、行動していた友人が、部活動などで気に入らないことがあると、友人とも縁切れする状態です。すぐに仲良しになれるのは良いのですが、口もきかない状態にすぐなるのも不思議です。友人に合わせて高校受験も選択しようとしている我が娘(中二)を見ていてどうしようもないです。一人娘って、やはりさみしいのでしょうか?」(四十代女性)

「ファッション雑誌を読んでいますが、その中に性の情報がたくさんあります。「セフレ」(セックス・フレンド)という言葉も見聞きします。初体験の年齢も下がっていますし、その情報に流されることが心配です。現状の情報やアドバイスをお願いします」(四十代女性)

ここでの悩みや迷いは、自分の子が抱える感情的で気まぐれな性格、暴力的な攻撃性、性への興味・関心の傾斜、無口などについてです。しかし、これらは程度の差や時期の長短こそあれ、思春期に誰もがぶつかり、くぐり抜ける特徴にすぎません。こんなにも基本的な現象で、親たちがうろたえ、立ちすくみ、語れなくなっているのです。親の方こそ自信喪失に陥っているようです。これでは、思春期の子どもたちが自立し成長するために、親自身が壁になることは不可能です。

ですから、親たちも、子育ての輪やネットワークをつくるべきです。お互いの悩みを語り合いさえすれば、みんな似たようなものだということがわかり、肩の力が抜けることでしょう。安心感から自信や勇気も湧いてきます。つまり子育ては、社会的な営みであるという原点に立ち返ることなのです。行政もそのような観点での親の支援に本腰を入れるときです。

第四章　時代を生きる力

——新たな二つの課題——

1　急がれるネット教育の確立

(1)　メールやネット依存と思春期の発達

思春期を育てるために何が求められているのでしょうか。ネット教育とキャリア教育という二つの課題を考察します。

ネット教育の整備

いまやネット教育に関する整備は急務です。国や自治体など行政、企業、学校、家庭など立場は異なっても、子どもたちのネットへのかかわり方が現在のままでよいとは、誰も考えていないでしょう。すなわち、大人と子どもとがボーダレスな状況におかれている現状において、とりたてた教育もせずに、放任に近い状態となっていることに対して、多くの人が危機感を抱いていることと思います。グローバルな情報化が急速に進展するなかで、子どもたちが、ネットとの関係を避けることができないとすれば、それがもたらす負の側面を最小限に抑え、長所を引き出すためには、どのような環境整備と教育が望まれるのでしょうか。これは、今日の子どもたちにとって、思春期をたくましく主体的に生きるために、これまでになかった新しい学習課題、発達課題といえます。

メールにおける二つの問題

メールやネットの問題には二つの側面が潜んでおり、それらを分別しながら、冷静に対応を考えなければ、効果的な対策は打ち出せません。その一つは、出会い系サイトやフィッシング、振り込め詐欺、ネットオークションなどに絡む直接的なトラブルに関して、いかにその加・被害者にしないかという課題です。つまり現象面における問題点です。ネットやメールの機能の進化とともに、加害・被害ともに今後ますます多様化、複雑化するに相違ありません。

二つ目は、メールやネット依存が子どもたちの成長にどのような影響を与えているのかという問題です。すなわち、メールやネットに依存することによって、子どもたちの思春期や脳への影響、人間関係のあり方を変質させるのではないかといった、「子どもの発達」や「子どもの人格」にかかわる内面的な問題です。

前者の現象面における懸念については、対処療法的な「ネチケット教育」(情報モラル教育)によっても、一定程度の対応は可能です。むしろ、後者の方がより深刻な問題といえます。すなわち、第一章第2節でもみたようなメール依存がもたらす危険性です。あるいは一日に三、四時間もネットの世界に浸り、「ネットの世界」が自らの居場所となり、現実世界から隔絶されてしまうのではないか、という心配です。そうしたことによって、子どもの成長が歪み、心の発達不全現象が引き起こされないかという危惧です。

いつもケータイを肌身離さず持ち歩き、入浴時も食事中もケータイ片手にメールを打ったり、学校で直接、顔を会わせていても、メールでのやりとりの方が本音の自分を出しやすかったり、送信してもすぐに返信が来ないと、友情がうすれたのかと不安に襲われたりする。これらは、軽度の「依存症」です。実生活のなかでのリアルな対面関係よりも、バーチャルなケータイ画面の文字によって友人関係が左右されていることに、もう少し注意を払う必要があります。とくに女子によくみられることですが、クラスのなかでは、表向きはいつも一緒にいるわけではない二人が、裏ではメールでしっかりつながっていたりします。第三章の大学生の訴えにあったように、実際の教室内の風景とは別の人間関係が「実在」するのです。いわば、ケータイメールが友だちをグルーピングしていくのです。だからこそ女子中・高生の間では、返信が少しでも遅れると仲間はずれになるのではないかという不安と、急いで返信しなければならないという強迫観念に苛《さいな》まれるのです。

「居場所」としてのネット

ネットやケータイは、いつでもどこでも誰とでもつながれるツールです。同時に、その逆にいつでもどこでも切り離される可能性もあるツールでもあります。

すでに取り上げた佐世保事件にも、ネット社会のもつ危険性が現れています。家裁の加害少女に対するきぬがわ保護施設への送致決定文（二〇〇四年九月一五日）では、インターネットの危険性が、次のように述べられています（決定文では、少女は「少年」と記している）。

少年は、認知面・情緒面に偏りがあり、不快感情、特に怒りについては回避するか相手を攻撃するかという両極端な対処行動しか持たないといった人格特性を有するとともに、傾倒していたホラー小説の影響により、攻撃的な人格を肥大化させていた。上記特性により会話でのコミュニケーションが不器用な少年にとって、交換ノートやインターネットが唯一安心して自己を表現し、存在感を確認できる「居場所」になっていた。これらに参加していた同級生である被害者は、少年がオリジナリティーやルールに対する強いこだわりから、少年の表現を無断使用するなと注意してくることに息苦しさや反発を覚え、少年に対する反論を交換ノートに記載し、ホームページに名指しを避けながらも少年への否定的な感情を直截に表現したと見られる文章を掲載した。少年は、これを「居場所」への侵入と捉えて怒りを覚え、一旦はこれを回避的に対処したものの、更に被害者による侵入が重なったと感じて怒りを募らせて攻撃性を高め、とうとう被害者に対する確定的殺意を抱くに至り、計画的に本件殺害行為に及んだ。

この決定要旨を読んだだけでは、「たったそれだけのこと」で殺害に至る心理的プロセスを理解しがたいのではないでしょうか。しかも、彼女は少しは性格に偏りはみられつつも、精神病性障害ではなく、いわゆる「フツーの子」だったというのです。ところが、インターネットが、思春期の子どもが「自己の存在を確認できる「居場所」」としての存在になっていたとすれば、これはきわめて重大な問題です。少女のかわいいアバター(分身)を、被害少女にいじられたり、少女に対する「否定的な感情を直截に表現」されたりしたとすれば、その衝撃の大きさを予測できないわけではありません。私たち大人でも、匿名メールによる誹謗、中傷などが舞い込むと、それが他愛のないことだと頭ではわかっていても、心は傷ついてしまいます。何日も気分が重くなるものです。

自尊感情が芽生え、仲間との交わりに依存しながら、大人からの自立を遂げようとしているデリケートな思春期に、それをこわすかのようにプライドを踏みにじられたのではたまりません。一瞬のことなら、心の片隅に殺意が走っても不思議ではないかもしれません。それほどのショックだったのでしょう。もし、ネットの影響がこのような心理にまで達したのだとすれば深刻な問題です。裁判所の「決定文」はそのことを示唆しています。ネットには、このような子どもの人間関係と成長そのものを破壊しかねない二つの危険が潜んでいるのかもしれません。むろん一般的には、その一瞬抱く殺意と「実行」との間に、越えがたい大きな隔たりが存在することは、いうまでもありません。

政府の対応

こうしたネットが子どもの人格の発達(脳の発達と機能)に与える影響について実証することは、いまだ困難でしょう。しかし、少年期や思春期の子どもの発達に対して、これまでその影響が懸念されてきたテレビやゲームとはまた別の意味で、規模も質も異なった何らかの異変が起きているのではないかという不安に襲われます。

これらの不安に対して政府は、二〇〇四年にネットと子どもの脳にかかわる研究プロジェクト(「インターネットの利用と子どもの脳の発達」)を立ち上げ、二〇〇六年度から二万人の乳幼児を対象に、一〇年計画で解明する予定です。また、その後、二〇〇五年六月一〇日に山口県の高校で起きた爆発物事件などを受けて、①接続業者による自主規制、②フィルタリング・ソフト(遮断ソフト)の普及、③情報モラル教育の充実、④相談窓口の充実、など四項目にわたって有害ネットに規制をかける次のような方針を打ち出しています。

〈政府のインターネット違法・有害情報対策の骨子〉

・フィルタリング・ソフトの活用の推進（内閣官房、文部科学省など）

・動画や携帯電話用のフィルタリング・ソフトなど新ソフト開発推進（経済産業省、総務省など）

・自殺サイトについて、人命救助の観点から警察がプロバイダーに発信者情報の開示を求められるようにする（警察庁など）

・プロバイダーによる発信者情報開示の判断基準や、コンテンツ製作業者による自主規制支援などを検討する研究会をそれぞれ設置（総務省、経済産業省）

・非行防止教室などでの啓発活動（文部科学省、警察庁など）

・違法、有害サイトの相談窓口の設置を検討（内閣官房など）

とくに政府は、フィルタリング・ソフトについて力を入れたいようです。現在、経済産業省と総務省が所管する財団法人のサイトから無料でダウンロードできるために、フィルタリング・ソフトは小・中学校の学校現場では九割以上普及しています。にもかかわらず、一般家庭においては、利用率はわずか一％にしか達していないようです。これは、家庭が「無規律・無指導」に陥ったまま、パソコン機器のみが普及していることを示しています。政府は、有害サイトの範囲を「自殺」「爆発物」「ニセ札」などにも広げるよう要請する方針です。しかし、すべてを遮断することは行政的にも理論的にも不可能です。そもそも「有害サイト」の認定そのものが困難でもあり、表現の自由やアクセス権の保障との兼ね合いも浮上してくることでしょう。国会を初めとした、国民的な広い論議が求められるところです。

（2）　学校、家庭における対応

緊急を要するインターネット教育の改善

政府や各県レベルでは、それなりに対応がとられています。しかし、どれをみてもインターネット教育に関しては、甘すぎるのではないかと批判せざるをえません。これは、インターネットが有する機能の特性や、それらを子どもたちがいかにしたたかに駆使しているのか、そのリアルな実態を把握せずに方針化しているからではないでしょうか。

とりわけネットオークションや出会い系サイトに関しては、子どもたちを一方的な「被害者」とのみ見なす傾向があります。しかし、子どもが、「加害者」側に立っているケースも珍しくはないのです。

たとえば、この二、三年の例では、東京の中学二年生がネットオークションで購入したニセ札の作り方のテキストに基づいて、一〇〇〇枚以上もの大量のニセ千円札を作り、実際に自販機で使用し、逮捕されました(二〇〇四年一二月)。また、女子中学生二人と高校生がアイドルグループのサインをまねしてポスターに書きこみ、一枚に数千円の値段を付けてネットで販売し、六十人余りから計一二〇万円もの収入を得て、逮捕された事件もあります(二〇〇四年一二月)。これらは氷山の一角にすぎません。インターネットは、中学生でもこのように大人を簡単にだますことができる匿名性と間接性(非対面性)が最大の武器なのです。

ところで、各県教育委員会の情報モラル教育の項目を見ると、そのほとんどが被害者としての子どものことしか念頭に置いておらず、事実とは乖離しています。むろん、子どもが「加害者」になっているとはいっても、そうさせている大人の側の責任が第一義的に問われなければならないことはいうまでもありません。

つまり、これはインターネットが大人や社会と子どもとの関係性を、これまでの「上・下」関係から「水平」な「対等性」をもつ関係へと転換させた証拠でもあるのです。情報の受発信における大人と子どもの「対等性」の獲得ですから、人類の歴史において、ある意味で初めての経験といえます。したがって、この変化を積極的に評価し生かすならば、IT教育におけるリテラシーの獲得は、二一世紀を生きる子どもたちにとっては「新しい人権」と呼んでもいいのかもしれません。

ネット教育のポイント

以下、学校に緊急に必要な対処療法的な「情報モラル教育」のポイントを列挙しておきます。

①少なくとも小・中学生段階では、子どもだけで、ホームページを開設させないことです。ホームページは「私物」ではなく「公器」なのです。たとえ子どもが、高度なスキルを身につけていたとしても、社会や公共性に対しての責任能力は未成熟であり、小学生などにはほとんど期待できません。トラブルに責任を持って対処することは不可能です。ところがこの制限を、子どもたちの表現の自由やアクセス権への侵害として異議を唱える声が多いのです。しかし、これは自由の主張とは裏腹に、現実的には先述したとおり、子どもたちの心の成長・発達に対する責任の放棄ともいえます。

②フィルタリングを徹底することです。ネチケット教育の必要性はかなり広く認識されつつあるようです。しかし、一番のポイントは即効性のあるフィルタリングを徹底するように進めることでしょう。

フィルタリングとは、子どもたちが有害サイトへアクセスできないようにするシステムのことです。大別すると、プロバイダー(インターネット接続業者)のゲートウェイ(ネットワーク上の規格の異なるデータを変換して通信を可能にする機器)でのアクセスを制限する方法と、自分のパソコンに市販のフィルタリング・ソフトをインストールする方法の二種類があります。仕組みそのものは両者とも同じです。クリックした先に有害情報があれば、そのサイトを開く直前に察知して、自動的にアクセスを拒否するシステムです。プロバイダー段階のフィルタリングは、アメリカでは人気が高いようです。また、情報発信者が自らのサイトに格付けするセルフレイティングという方法もあります。レイティング・ソフトの利用者が増加すれば、それだけサイトの格付けを取り入れるコンテンツ提供業者も増え、好循環を生み出す可能性もあります。

ただ、実際にはサイトから特定の言葉を拾い出すのに必ずしも的確ではなく、思わぬサイトを開いてしまうこともあるようです。そこで、子ども用検索サイト「キッズgoo」のようなgooのサイト内で規制をかけているものもあります。ただし、これらのソフトを使いこなすことだけで安心できるものではありません。急速に変化するネット社会では、万能なソフトは存在しません。まず大前提として、親子、友人、教師や地域の人々との実生活上のコミュニケーション力を高めることやメディア・リテラシーの獲得が大切です。複雑化したネット社会を生きていくうえで困難に陥らないために、むしろリテラシーは最低限必要な力といえます。

佐世保事件発生時点では、全国の四・三%の家庭しかフィルタリングをかけておらず、「何もしない」は四六・八%でした(二〇〇三年一一月、日本PTA全国協議会調査)。また、警察庁の調査(二〇〇二年)では、フィルタリングを活用している家庭は、わずかに二%でした。これでは、あまりにも無防備すぎます。その後の同協議会のPRも効を奏してか、最近、私が全国の講演会場で様子をみた限りでは、地域間格差を抱えながらも、二割台までは向上してきているとの感触をえています。できれば、アクセスできるホームページを限定するホワイトリスト方式を導入した方がより安心できるでしょう。有害なホームページをシャットアウトするブラックリスト方式やキーワード・フレーズ方式でも何も無いよりはましです。しかし、格付けのレイティング方式はそばに親が付き添っていない限り効力は発揮しにくいのです。

③時間(帯)制限を設けることです。ネット利用とテレビ視聴の時間とでは、その意味が違います。なぜなら、ネットやケータイなどデジタル・メディアは多機能性を特徴とし、しかも双方向性を有しているからです。したがって、「ほとんどやらない人」「ちょっとだけやる人」「ちょっと、というよりはもう少しだけやる人」の三者間には、大きな格差が生じるといわれているからです(香山リカ・森健『ネット王子とケータイ姫』中公新書、二〇〇五年)。つまり、一日三〇分程度の使用時間ではあっても、「何も知らない人」か「ヘビーユーザー」かの決定的な違いを生むというのです。ネットはこのようにディバイド性が強いことを認識しておくべきでしょう。

④親もパソコンの初歩的スキルを獲得することです。世代間のデジタル・ディバイドにはさらに大きな問題があります。実際にはあまり役に立ちそうもない「ネチケット教育」のレベル

から、新たな対策がなかなか進まないのも、親の側のパソコン・スキルが欠落しているからではないでしょうか。危険を認識できていないからこそ安心して何もしていない可能性が高いのです。子どもにパソコンを与えるのであれば、たとえ時間がかかったとしても、子どもの隣に座って教えてもらいながら、自分も基本スキルを獲得する覚悟が必要です。同時に、小学校低学年からインターネットのモラルやリテラシーを習得させることも大切です。PTAとしても学級、学年、あるいは全校規模で学習や情報交換を行うなど、ネット問題への積極的な取り組みが望まれます。

⑤パスワードやIDは友だちにも決して教えないことを徹底することです。フィッシングによる聞き出しや急速に悪質化するポルノメールなど、詐欺やトラブルからわが子を守るためには、親だけは把握しておく必要があります。特に小・中学生であれば、ブラウザの履歴をチェックすることも必要でしょう。

⑥学級会や児童・生徒会活動として、メールやインターネットの問題に関して考え合う企画を、子どもたち自身に立ち上げさせることです。子ども自らが問題意識を持ってネット社会と向き合い、相互交流やディスカッションを通して問題解決の力やマナー、知識を身につけ、向上できるように、配慮・指導すべきでしょう。

⑦メールを使ったいじめや掲示板による個人攻撃などが行われていないか、学校は常に注意

を払うことが大切です。不登校や欠席、けんかなどのトラブルの裏に、メールの書き込みによるいじめが潜んでいないか、アンテナを高く張る必要があります。そのためには、インターネットに関する悩みやトラブルに巻き込まれていないか、定期的にアンケート調査や聞き取りを行うことなどきめ細かな教育活動が必要でしょう。

⑧「迷惑メール」対策です。「迷惑メール」のなかでも、とりわけ、性情報メールの洪水のような侵入に対して、いかに子どもたちの感性を麻痺させることなく、また金銭的被害からも身を守るのか、フィッシングや「振り込め詐欺」まがいの数万円単位の架空請求の撃退法も含めて、ロールプレイなども交えながら効果的に考える必要があります。これは今日の凄まじいポルノメール横行の現状からすると、実践は容易ではなく、親や教師にはかなりの覚悟が求められそうです。

⑨インターネットが思春期発達に及ぼす影響を早期に解明することです。「前思春期」という自己同一性の確立期に、インターネットの人格発達へ及ぼす影響について、脳科学者などの研究成果を待つのではなく、教育実践現場の臨床成果の積み上げによって明らかにする努力が必要です。

以上、学校や家庭でできる最低限にして緊急の対応策を挙げました。

しかし、ネット上の問題はプロバイダーの意識や倫理の問題、政府による「出会い系サイト規制法」のあり方など、大きな社会問題をはらんでいます。したがって、学校やPTA、行政などが連携して、子どもが安心してネット社会に参画できるように、必ず子ども参画のもとに具体的な問題提起や建設的で大胆な提案がなされることが望まれます。

法務省とインターネットのプロバイダーの業界団体(約七〇〇社)は、人権侵害などが明らかなホームページや書き込みの削除について対策を進めることで合意しました(二〇〇四年七月)。とはいえ、大手で未加盟の業者も存在したり、表現の自由とアクセス権の自由の侵害に当たるのではないかという問題でも評価は二分されています。しかし、子どもの発達保障をないがしろにした自由論は無責任だといえます。子どもの権利条約でも、発達の保障はすべての自由の大前提となっています。楽しく、子どもにも安全なネット文化を、日本としてどのように構築するのか、課題は大きいのです。

学校実践のモデル

校内LAN整備率が全国第一位の岐阜県(八八・六%)では、「情報モラル教育」から一歩突き抜けて、日常の学級・学校づくりと生徒会活動を統一させた、スタンスの広い実践に取り組んでいる中学校があり注目されています。ネット教育もこのように、学級・学校づくりの高い理念を掲げて、日常的な実践の領域にまで展開されて初めて、子どもたちがリテラシーとして身につけることができるのです。使いこなす主役になるのかもしれません。

この中学校の実践の特徴は五点あります。

第一に、日常的にLANを活用したネットワーク生活づくりを心がけていることです。たとえば、委員会からの企画募集、生徒会や職員室からの連絡などは、すべてグループウェア（ネットワークを利用して情報を公開し、共有するソフト）の掲示板やメールを利用し、学級同士が掲示板で意見交換したり、学級日誌もネットワーク上に書き込んでいます。

第二に、学校生活のなかで発生した問題点を見つめ直し、よりよい〝学級づくり〟〝学校づくり〟を目指す一環として、「ネット憲法」づくりに発展していることです。二〇〇五年度からインターネット・メールの使い方について全校で議論し、全三三条の「ネット憲法」を定め実施しています。とってつけたような「情報モラル教育」ではなく、まさしく生徒たちの日常の学校生活をいかに豊かに創るかという差し迫った課題と一体化している点がすぐれています。

第三に、「総合的な学習」の時間を活用しながら「インターネット」「グループウェアの掲示板」「グループウェアのメール」の三班に分かれ活用実態調査から入るなど、全校アンケートや学級発表など、「ネット憲法」の草案作りに下から取り組んでいる点も評価できます。

第四に、これらのプロセスを通して、ルール作りよりも「相手を意識した活用」の大切さに気づいたことです。その結果、うそ情報の書き込みや、コンピュータの自分本位な使用が減少し、いまではゼロになっているといいます。

第五に、これを原則としつつ、それぞれのルールは各学級で取り決めるため、「憲法」と名づけた点です。条文以外にも議論の際に出た「なぜその条文が必要なのか」を生徒の言葉で付け加えています。ですから次のように親しみやすく、わかりやすいものになっています。

第2条【利用者の心得】ネットワーク利用者は、次のことを大切にする。
①ネットワークは全校のみんなが利用するためにある。自分の趣味や遊びに使うなど、自分勝手な気持ちで使わない。
②利用する人は、学校をよりよくしようとする意志を持つようにする。
③ネットワークの向こう側には必ず相手がいる。その相手を大切にする気持ちを持つ。

なぜこのような条文をつくったのでしょうか。
第2条の①学校にあるパソコンが、楽しみだけのものになってしまうよ。
・みんなで利用しようよ。
・ここは学校だ、わがままはいけないよ。

②使い方がどんどん悪くなっていくよ。
・こんな気持ちがもてるといいよね。
③悪口や嫌がらせが流れてしまうよ。
・ネットワークの向こうにいる人に迷惑をかけてしまうよ。
・仲間を思う気持ちはいつも大切にしたいよね。

この中学校のような新しい実践は、今後のネット教育のあり方を考えるうえで、大いに参考になるでしょう。情報に対して受け身になるのではなくて、LANを整備し、ネットを「活用し切る」環境整備が必要になっています。その意味ではLANの整備率は、二〇〇五年三月の時点で、全国平均では四四％程度にすぎません。二〇〇一年度に「二〇〇五年度末には一〇〇％」という目標を掲げてきた政府の計画(e-Japan)とは、ほど遠い実態が明らかになっています。

東京(一二・五％)、大阪(二二・九％)、京都府(二四・六％)など大都市ほど遅れています。これは、生徒の家庭の普及率の高さに頼っていることに大きな要因があります。またIT環境整備のために、毎年二〇〇〇億円前後の地方交付税(二〇〇五年度は二一五〇億円)を措置しているにもかかわらず、学校の情報化をいかに進めるかは各自治体の判断に任されているために、このような地域間格差が生じているのです。ネットのもつグローバル性という特性や危険性を考えると、政府として責任を持って整備を急ぐ必要がありそうです。

家庭における視点

では、家庭での対応はどうでしょうか。

親子間の連絡がとりあえて、「安心」をもたらすはずの子どものケータイ所持。ところが、いつでも連絡をとりあえるために逆に安心して娘の帰宅が遅くなったり、連絡は入ってもそれが本当かどうか疑わしくなったり、電源を切られたりして、隠しごとをしているのではないかと不安に襲われたりする親も少なくないようです。

そこで、頭をかすめるのは、子どものメールをチェックすることです。しかし、「安全か子どもの秘密保護か」で迷う親が多いようです。親子の信頼関係が崩れるのを恐れ、結局なりゆきにまかせている親も多いようです。「なぜチェックしたいのか」きちんと子どもに話す、使い方の約束をさせる、あるいは利用制限サービス(料金が一定額に達すると電話の発信やメールの送受信ができなくなる)をかけるといった親のリーダーシップを確保する工夫も必要です。しかし、問題は個別の方法論だけにあるのではないようです。日常から親子、家族のコミュニケーションが豊かで、信頼関係が築かれているかどうかも問われているのです。

そのためにも家庭生活そのものの充実を目指すことが同時に必要となります。家族揃っての食事や一緒にテレビ番組を楽しむことからもはじめられます。メール文化を包み込む家庭の食文化や家族独自の文化を構築することです。そのなかで、メールのマナーやネットのリテラシーなどの基本が育まれるのではないでしょうか。

2　時代を生きる力とキャリア教育

（1）なぜ、今キャリア教育なのか

キャリア教育とは

一般的にキャリアという語は、職業的経験や経歴、あるいは職業だけに限定しない一般的な経験と理解されて使用されています。したがって「キャリア教育」というと、狭い意味での「職業教育」のように考えられがちです。しかし、いま求められているのは、もっと広い意味での「キャリア教育」です。すなわち、どこかの会社に「就職」できればよしとするのではなく、広い視野に立ち、いかに自己実現して、自分の人生を生きるのかを問う教育です。換言すれば、社会を形成し変革する主権者として、社会性を発揮しながら、生涯にわたって、いかに

成長・発達しつづけるのか、その力量やスキルを身につけるための教育のことです。

人は生涯にわたって、学習者、家庭人、社会人、職業人、地域コミュニティの住人、ボランティアの従事者などさまざまな役割を担い、それぞれに複雑にかかわり、責任を果たしながら生きているのです。それらのプロセスにおけるすべてがキャリアといえます。ですから、小・中・高・大を通した学校教育のすべてがキャリア教育に直結しているといってもよいほどです。

また、キャリア教育は、その定義から必然的に導き出されるように「教え込む」教育ではありません。子ども自身が主体的に〝学び〟の中心者として育っていくものです。

ところで、二〇〇四年度は「新キャリア教育プラン推進事業」がスタートし、「キャリア教育元年」と称されました。これは、四七都道府県に対して、キャリア教育推進地域を指定し、一つの区域内の小・中・高校と地域が共同して、三年間にわたってキャリア教育のプログラム開発に取り組む事業です。もちろん、地場産業や地域社会、ＰＴＡなども一体となって子どもたちの教育と子育ての問題を考えるわけです。これは、いままでに経験したことのない画期的発想とスタンスといえます。どうして、このような急激な変化が起きてきたのでしょうか。

キャリア教育を求める社会の必然性

一つは、社会的要求の力という側面が強いということです。「青少年の就労に関する研究会」

の報告（内閣府、二〇〇五年三月発表）では、二〇〇二年時点の若年無業者（①高校・大学や専修学校などいずれにも通学しておらず、②配偶者のいない独身者であり、③ふだん収入を伴う仕事をしていない一五歳から三四歳以下の個人）は、全国で二一三万人に達していました。フリーターの数は、三〇九万人（厚生労働省、二〇〇二年）ともいわれています。若年無業者のうちニートが六四万人あるいは八四万七〇〇〇人ともいわれます。ひきこもりは少なくとも四一万人から、多くみて八一万人を超えているといわれています（一〇六ページ参照）。

離職率の増加の問題もあります。むろん私は、離職そのものが問題だとは認識していませんが、三年以内に離職する若者が、中卒で七割、高卒で五割、大卒で三割と「七・五・三」と称される状況にあり、労働力は流動化しているという現状があります。一九九〇年代後半から指摘されてはいましたが、二〇〇〇年に入り、とくにこの二、三年、社会問題として大きくクローズアップされてきました。それだけ社会的なリスクが高くなってきた証拠です。個人消費の伸びも鈍化し、経済成長率もさらに落ち込む可能性があります。そうした状況への危機感も、ニートやフリーター、ひきこもりの青年たちの増大という問題に目を向けさせる一つの契機となりました。したがって、当面する諸課題を、教育による高い視点から光を当て、打開の方向を見出すためにも、社会に参加する前にまず「勤労観、職業観」を育てる。また、それらに特化するのではなく、これらを形成するために必要な「学力観」「学習観」を育て、「人間関係形成能力」「情報活用能力」「将来設計能力」「意思決定能力」の四つの領域にも同時に挑戦させてみようというわけです。こうして、キャリア教育に力を注がざるをえない客観的状況が整ったのです。

こうした現象は、若者が未来を描けないという深刻な事態にとどまらず、今日の日本全体の産業、社会構造や雇用体制の変化に問題があることはいうまでもありません。将来の目標を立てられず、自分が何になりたいのかもわからない。それでも、自己責任能力が問われる現代社会。これでは、何となくフリーターになってしまったり、さらに、そこに挫折が加わって自信喪失や対人不信に陥り、ニートやひきこもりに転じてしまう若者も多くなるでしょう。つまり、職業選択能力というよりも、生き方を自分なりに模索することなく、最終出口の高校や大学卒業の年齢に達してしまう若者が多いということです。

労働対策としての若者対策はもとより、その前提となる、いかにして子どもを、とりわけ思春期をたくましく自立させるのか、その「自立支援」の教育プログラムはさし迫った教育課題となっています。

進学指導と進路指導

私が教える学生たちに話を聞くと、彼らは中・高時代に「進学指導」はあっても、広い視野で生きる意味を問い、生きる力を身につける「進路指導」は受けていないようです。ましてや、現在の自分をいかに「自己理解」し、将来にわたって自己実現しながら社会のなかで生きていくのか、生涯にわたる発達保障の観点からのキャリア教育は実践されておらず、あるいは確立されていないことがうかがえます。換言すれば、○○高校に受かるか否か、△△大学に合格できる偏差値かどうかの判断を下す「進学先指導」であり、教師の役割も単に入試での合否を「予想」することでしかないのです。これが大半の中学、高校における「進路指導」の実態です。二〇〇人近い受講生のなかで、生き方につながる進路指導を受けたと述懐した学生が皆無であったとは驚きです。

これでは、すでに大学への入口部分でミスマッチが起こり、ドロップアウトする者やひきこもり、ニート、フリーターが増加の一途をたどる背景の一端も理解できます。現在、大学でも、キャリア教育が急速に広がっているのですが、その多くはまだまだ模索段階といえます。単に就職活動の前倒しであったり、エントリーシートの書き方や、名刺交換の方法など就職技法に偏重したりしているようです。そのためキャリア教育を外部の企業などに丸投げする傾向もみられるほどです。自己形成史を丁寧にたどって自己理解を深めたり、政治・経済のみならず今日の文化を形成している日本と世界との関係性の理解に努めたり、自国の文化を表現し、コミュニケーションを深めるために言語についての教養を深めたり、人材育成、人間形成を研究する教育領域について学ぼうとするなど、本格的なカリキュラムを準備している大学は、まだまだ少数派です。大学生活にどのように適応し、他者との関係をいかに築くのか――現在の学生が置かれている状況から判断すると、いきなり「就職セミナー」をはじめるよりも少なくとも学生生活を豊かにするためのカリキュラムやイベントが必要不可欠といえます。

政府の若者支援対策

政府は二〇〇三年六月に文部科学省、厚生労働省、経済産業省、内閣府の四府省連携で「若者自立・挑戦プラン」を打ち出しました。子ども・青年の職業的自立を促すために、それぞれの立場から雇用施策、産業施策、教育施策において取り組みを強化しようとするものです。日本の伝統的な縦割り行政のなかでは、これらの連携はきわめて珍しい試みといえます。後に例でも紹介しますが、「ジョブ・カフェ」の設立などはすでに進行しています。文部科学省の目玉施策は、キャリア教育の推進ですが、遅きに失した感も否めません。

キャリア教育のねらいや具体的実践例を「指導の手引き」「事例集」(国立教育政策研究所生徒指導センター、二〇〇四年度)としてまとめ、学校現場に理解をすすめようとしている点は評価してよいでしょう。なかでも「新キャリア教育プラン推進事業」は、先述のとおり市町村単位など広い「地域指定」の形をとり、そのエリアの小・中・高と企業、地場産業などが連携しながら、キャリア教育を学校の枠組を突き破って地域規模で展開しようとしており、これまでにない幅の広いスタンスといえます。全国では、四五地域、小学校一一〇校、中学八六校、高校八〇校、合計二七六校が指定され、職場体験学習や社会人講話など社会との連携が広がっており今後の成果に期待したいところです。

児童・生徒一人ひとりの生き方や進路選択の相談に乗るために、「キャリア・カウンセリング」ができる教員の養成も予定されています。これまでの座学形式の講義に加え、教師が集団として協力・共同することの意義を確認すること、コミュニケーション能力やキャリア教育のプログラム開発能力の育成に重点を置くことなど、単なる心理臨床の範囲を脱して、教育のプロとしての位置づけから磨きをかけようとしています。

ニート対策の若者自立塾

厚生労働省は、いわゆるニート対策として、二〇〇五年度から「若者自立塾」の設置を開始しました。合宿生活を通じて、若者に働く意欲と自信をつけさせることがねらいです。

この自立塾は全国に二〇カ所設置され、定員は二〇名、合宿期間は三カ月で、年三回ほど回転されています。しかし、こうした中身では、対策が功を奏するのは難しいといわざるをえません。なぜなら、全国のニートの総数と比べると、四〇〇人という定員は焼け石に水にすぎないからです。しかも、ニートといっても、元気のよい非行がらみの享楽型の若者もいれば、逆におとなしいひきこもり型の青年も多いのです。そうした違いを視野に入れずに、一括りにして対策をとるのは非常に乱暴で、実践も困難です。

ジョブ・カフェの様子

一方、政府の「若者対策」のなかには、すでに具体的な成果を示しつつある施策もあります。先に紹介した「ジョブ・カフェ」はその一つです。どのような取り組みが行われているのか、具体的に想像できるように、私が「ジョブ・カフェ」を訪れた際(二〇〇五年四月)に書いたリポートを紹介したいと思います。

初々しい雰囲気を漂わせた、受付の二人の女性。壁際のボードには、スタッフたちの個性豊かな紹介写真、就職を決めた先輩たちの生き生きとした〝声〟が展示されている。部屋全体から、若々しく温かで、フレンドリーなメッセージが伝わってくる。

「これなら、ひきこもり気味の青年でも、安心できそう」

部屋に足を踏み入れたとたん、私は、そう直感させられた。

ここは、群馬県若者就職支援センター「ジョブ・カフェ」。若者の就職支援に特化して設立された、全国でも先駆的な取り組みを進めている施設である。

ある時、中学卒業後に非行に走って、警察のお世話にもなった、いかにもそれとわかる二二歳の若者がやってきた。どうして働く気になったのかと聞くと、恋をした彼女との生活を確立するために仕事をしたいという。まだ開所して半年というのに、同センター「ジョブ・カフェ」のスタッフは、一人の青年のこんなプライベートな心の内までつかんでいた。

その後、めでたく就職が決まった青年からは、いまも定期的に連絡があり、職場での悩みも相談してくるという。そして、思いもかけない副産物まで生まれた。青年の変貌ぶりを目の当たりにしたかつての「遊び」仲間たちが、彼でもあんなにしっかり働けるのだから、自分たちにもきっとできると、彼を身近な「成功モデル」に見立てて、次々に働きはじめたというのだ。これは、ニートやひきこもり、フリーターなど、若者の不安定就労問題に悩まされている今日の日本にとっては、貴重な教訓である。

「ニートを変えるのは、友だちだと思います」「上からではなく、一緒にやること」。まだ二十代ではないかと思われる若いキャリア・カウンセラーは実感を込めて、自分に言い聞かせるようにこう語った。

ここ「ジョブ・カフェ」には、若者の力が溢れている。それは、「九〇分もクライアントと向き合える、カウンセラーの人柄力」「〝入口〟から〝出口〟まで見通した解決力」「運営サポーターの若い力」「地域に密着した求人・求職活動とそれを可能にする地域型人的体制力」「地元大学の学生も含む参画力」「活動すればするほど赤字なのに意欲的に取り組むスタッフの情熱力」「人々の〝こころのよりどころ〟化しつつあるセンターの居場所力」である。

しかし、この活動を今後も持続させるためには、これらの善意を若い力だけに頼るべきではない。このような優れた教訓を整理し、政治と行政の力でさらに支援し、発展させていくべきだろう。

やはりここでも政府や行政、大人まかせでなく、同世代の若者自身が動く「キャリア・デザイン」力の確かさと展望を実感させせられた現場視察でした。若者の就労支援活動の成否も「若者参加」を抜きには成功しないようです。

キャリア教育の三つの視点

すでに述べてきたように、キャリア教育とは、卒業後どの高校や大学に進めばよいのか、主体的に決めることができるための、単なる就労支援教育ではありません。子どもたちが、自己の生き方と将来働くことを自分自身のなかで関係づけてイメージし、いまを豊かに生きる力を身につけるための教育です。毎日の学習の意味を深め、友人とのコミュニケーションや余暇活動を含めた生活づくり全体を個に応じて豊かに創る力量の養成が必要です。キャリア教育を実践するために、学校にとって以下の三点が重要になってくることでしょう。

第一に、キャリア教育を小・中・高等学校全体の教育活動のなかに位置づけることです。何か目新しいイベントなどを企画することが中心的な課題ではありません。子どもたちが時代を切り拓く主権者の一員として、自分の人生をいかに豊かに生き抜く力を育てるのかというキャリア教育の視点から、現行の教育実践を総括し光を当て直してみることです。つまり、キャリア教育を「学校改革」「カリキュラム改革」の柱としてとらえることです。

第二に、「何のために学ぶのか」「学力とは何か」「生きるとはどういうことか」「自己とは何者か」などを子どもたちに教える前に、まず教師自身が自らの感性でとらえ直すことです。同時に、子どもたちに対しては、それぞれの発達段階ごとの課題に相応しい系統性のあるキャリア教育を展開することです。また方向が定まらなくて、悩むのもキャリア教育そのものです。学力形成のテーマといってもよいでしょう。

第三に、インターンシップの推進のために、保護者、地域との日常的な連携を強めることです。参考になる例として、これまでと違った修学旅行を実施する学校が次々と登場しています。たとえば宮城県の中学生が東京のパン屋さんで職業体験をしたり、新潟県の中学生が東京の電機工場や食品工場を訪問したり、愛知県の中学生が、東京で活躍する著名人にインタビューしたり、あるいは東京の中学生は、沖縄で平和学習や沖縄文化の体験学習を楽しんだりしています。対象が地元から全国へ、日常から社会へと広がっています。そのためにも教師自身の社会性、教養の豊かさ、社会認識力の確かさが求められます。普段から、地域の人々とともに生活し、実践を重ねながら、教師も日々成長していける、ゆったりとしたスタンスが必要でしょう。

また、二〇〇五年度から全国一三八地域、八〇〇の中学校を対象に開始された「キャリア・スタート・ウィーク」なども有効に活用すべきでしょう。これは、中学二年生に五日間以上の就労体験をさせるものです。二〇〇七年度までには、全国の公立中学校一万二四〇校すべてにおいて実施されます。学校の日常的な地域とのつながりや保護者との協力関係が、インターンシップ先をいまから準備させることにつながるのです。さらに、これが高校段階になると、キャリア体験学習を高校生自らが講座運営します。たとえば、東京都立のある商業高校では、二〇〇四年度からキャリア教育の一環として、月に一回「自己の人生を考える特別講座」を開催しています。農家に講師を依頼し、田植えや稲刈り体験を企画・運営するなどして、主体性やコミュニケーション力、自信をつけているようです。また、この取り組みを通して、地域の教育力を育んだり、安全・安心の街づくりに発展させる展望を持つこともできます。

このようにいま進められているキャリア教育は、子どもと社会をつなぐための教育全体をとらえ直す新しい「教育改革」の役割を担うものです。ところがいまや、展望なき「学力向上運動」一本槍といった姿が教育界の現状です。すでに第二章第1節でも触れたとおり、「学力向上」をテコとしたこの「教育の構造改革」は、結果的には、これまで禁じ手であったはずのわずか数パーセントのための「エリート教育」を公認し、学校制度としても推進することになりました。大多数の子どもたちにとっては、むしろ不利益しかこうむらない理念や、制度が広がっています。そのような憲法理念にもとるような構造上の「改革」ではなく、どの子も「知・徳・体」を一体として伸ばす教育本来の要請を受けとめ、競争教育の矛盾を改善しようとするのがキャリア教育の理念と実践といえます。

いま「キャリア教育」が求められているのは、社会からの要請と同時に、このような教育界のせっぱ詰まった状況もあります。なぜなら、これまでの学歴主義に基づく競争社会では、能力主義による大学への合格や就職、出世の「手段としての学習」が中心でした。しかし、これが、一九九一年のバブル崩壊をきっかけに大きく破綻しました。ですから、その後、子どもたちに新たな学習の動機づけ、すなわち学習はなんのためにするのか、という学習の理念や目的をわかりやすく掲げることが必要になってきたのです。

今日では「いい高校に入って、いい大学に行って、一流企業に勤めなければいけない」などと期待をかける親も、以前に比べると、少なくなってきました。このような激しい価値観の変化のなかで、いまでは小学一年生でも、「なんのために勉強するのか」という問いを発する変化が生まれてきたのです。これは、今日の教育界における子どもの側の大きな特徴です。この問いにどのように答えればよいのかわからないと、教師自身も感じているようです。ですから、教育現場の苦悩は深刻です。しかし、現場は、数値目標を掲げさせられ、計測可能な狭い意味での「学力」競争に駆り立てられているのが現実です。いまやゆとり教育への心情的な反発や学力低下批判への対応から、単純な「詰め込み教育」へと回帰しているのです。歴史的にみてもすでに破綻しているはずの、これらの詰め込み路線に明るい展望が持てるはずがありません。そこに、これらの矛盾を発展的に克服し、統一的に解決できる教育改革の、全く新しい対立軸として「キャリア教育」が登場する必然性があったのです。

(2) キャリア教育実践のための課題

アメリカのキャリア教育の歴史

ここでアメリカにおけるキャリア教育の状況をみておきましょう。なぜなら、進路指導の概念は、一九〇八年にパーソンズがボストンに職業相談所を開設したことに始まるとされており、アメリカは進路指導の先駆者といえるからです。その後一九一三年には、「全国職業指導協会」

（ＮＶＧＡ）が結成されます。

アメリカにおいて、それまでの「職業教育（vocational education）」に代わって「キャリア教育（career education）」なる言葉が初めて使用されたのは、一九七一年、アメリカ連邦教育局長官マーランドが、全国中等学校長協会大会の演説において提唱したときです。

当時の社会的背景としては、社会の急激な変化、つまり急速な科学技術・産業の進歩発展に対して、従来の徒弟的、伝統的な職業教育では、的確に対応できない学校が問題視されたからです。「学校と社会」「教育と職業」「知識と労働」におけるそれぞれの間の乖離が問題になったのです。マーランドは、次のように述べています。

「学校に在学する青少年は、すべて将来のキャリアを探索する過程にあり、すべての教育はキャリア教育であるべきだ」「複雑化した産業社会が要求するキャリアのためには、教育システムを再検討し、ふたたび磨きかえる必要があり、ある特定の職業や訓練についてではなく、生涯を通して進歩向上しようとする人間の能力をどう高めるかである」

こうしてキャリア教育は、職業教育より広い概念として使用され、キャリア発達が学校教育の柱にすえられたのです。翌年の一九七二年には、連邦教育局にキャリア教育担当次官職が設けられ、七七年には五年間の時限立法、「キャリア教育奨励法」が制定されるに至ったのです。この法律のなかでキャリア教育は次のように定義されています。

キャリア教育とは、個人が人間の生き方の一部として、職業や進路について学び、人生上の役割や選択を職業的価値観と関連づけることができるように計画化された経験の全体である。

（「キャリア教育奨励法」一九七七年）

一九八九年には、「全米職業情報整備委員会」（NOICC）が「全米キャリア発達ガイドライン」を作成。小学校から高校まで各学校段階ごとに、三つの分野において身につけるべき一二の能力を整理し、発表しました。そこでは、育成すべき三領域として、①自己理解能力、②教育的・職業的探索能力、③キャリア設計能力、をあげています。さらに身につけるべき一二の能力を見ると、日本の「キャリア教育の推進に関する総合的調査研究協力者会議報告書――児童生徒一人一人の勤労観、職業観を育てるために」（二〇〇四年一月）に対して影響を与えていることがわかります。これら一二項目は、いずれも学校の全教育活動を通して身につけるべき課題であることはいうまでもありません。

①自己理解能力

能力1　肯定的自己概念の作用を理解すること

能力2　他者と積極的に関わる技能を身につけること

能力3　成長と発達の強い影響を理解すること

②教育的・職業的探索能力

能力4　学校教育における達成とキャリア設計との関連を理解すること

能力5　働くことと学ぶことへの積極的態度の必要性を理解すること

能力6　キャリア情報を位置づけ、評価し、読み替える技能を身につけること

能力7　仕事を求め、獲得し、維持し変えるために備える技能を身につけること

能力8　社会的な必要性や機能が仕事の本質や行動にどのように作用しているか理解すること

③キャリア設計能力

能力9　意思決定の技能を身につけること

能力10　生活における役割の相互関係を理解すること

能力11　男女の役割が絶え間なく変化していることを理解すること

能力12　キャリア設計の技能を身につけること

スクール・ツウ・ワーク

最新のアメリカにおけるキャリア教育は、「学校＝職場移行機会法」（ＳＴＷＯ、一九九四年）が

制定され、連邦政府主導でSchool-to-Workの考え方が、州ごとに学問的教科と職業教育を一体化させた実践が工夫されています。

重視されている項目は次の五つです。いずれも、日本に強い影響を与えており、参考になります。

〈五つの原則的構え〉

①アカデミックな科目と職業科目の統合
②学校での学習と職場での活動の連結――カリキュラム全体での取り組み
③すべての生徒の参加
④高等教育機関での単位認定や入試での利用
⑤大人とコミュニケーションがとれること

日本におけるキャリア教育の定義

ここで、我が国のキャリア教育について概観しておきます。「キャリア教育の推進に関する総合的調査研究協力者会議報告書」によるところの「キャリア」の定義は、「個々人が生涯にわたって遂行する様々な立場や役割の連鎖」として、また、そうした連鎖のなかで行われる

「自己と働くこととの関係付けや価値付けの累積」となっています。

一読してわかるように、職業や働くことといった狭義の意味やとらえ方に陥っていない点がこれまでの職業教育などとは異なっています。また、「キャリア教育」は「キャリア」概念に基づいて、「児童生徒一人一人のキャリア発達を支援し、それぞれにふさわしいキャリアを形成していくために必要な意欲・態度や能力を育てる教育」であり、端的にいえば、「児童生徒一人一人の勤労観、職業観を育てる教育」と定義されています。「キャリア教育の意義」については以下のように述べています。

〈キャリア教育の意義〉
①教育改革の理念と方向性を示すものであること。
②子どもたちの「発達」を支援するものであること。
③教育課程の改善を促すものであること。

では、これら「キャリア教育」の基本方向は何でしょうか。先述したアメリカからの影響が見てとれるものになっています。これらが実態化していけば、日本の学校理念も質の変化を生み、今日のような一面的な「学力向上」運動の隘路《あいろ》から抜け出せる可能性もあります。

〈キャリア教育の基本方向〉

①一人一人のキャリア発達への支援

・子どもたちのキャリア発達の的確な把握

・キャリア・カウンセリングの機会の確保と質の向上

②「働くこと」への関心・意欲の高揚と学習意欲の向上

・職業や進路などキャリアに関する学習と教科・科目の学習との相互補完性の重視

・進路への関心・意欲の高揚と学習の必要性・有用性の認識の向上

③職業人としての資質・能力を高める指導の充実

④自立意識の涵養と豊かな人間性の育成

・働くことの意義についての総合的理解の促進

・早期からの自立意識の涵養と豊かな人間性の育成

キャリア教育を進めるうえでの課題

それでは、キャリア教育を進めるうえでの日本の課題は何でしょうか。

第一には、労働を担う主体的な働き手の育成に向けた総合的教育施策の確立という課題があ

表 4-1　学校段階別に見た職業的(進路)発達段階，職業的(進路)発達課題

小学校段階	中学校段階	高等学校段階
〈職業的(進路)発達段階〉		
進路の探索・選択にかかる基盤形成の時期	現実的探索と暫定的選択の時期	現実的探索・試行と社会的移行準備の時期
〈職業的(進路)発達課題〉		
・自己及び他者への積極的関心の形成・発展 ・身のまわりの仕事や環境への関心・意欲の向上 ・夢や希望，憧れる自己イメージの獲得 ・勤労を重んじ目標に向かって努力する態度の形成	・肯定的自己理解と自己有用感の獲得 ・興味・関心等に基づく職業観・勤労観の形成 ・進路計画の立案と暫定的選択 ・生き方や進路に関する現実的探索	・自己理解の深化と自己受容 ・選択基準としての職業観・勤労観の確立 ・将来設計の立案と社会的移行の準備 ・進路の現実吟味と試行的参加

(国立教育政策研究所生徒指導研究センター「児童生徒の職業観・勤労観を育む教育の推進について」から)

るように思います。先の「キャリア教育の推進に関する総合的調査研究協力者会議報告書」では、キャリア・カウンセリングやキャリア・カウンセラーの養成に、焦点が当てられています。しかし、これまでとは異なり、いかに教育現場を重視しているとはいえ、実践段階にいたった時、「心理主義」に陥る危険はないか、といった懸念があります。心理学を使った「自己管理主義」に陥ることのない広くて柔軟な視点を持つべきかもしれません。さらにいえば、狭い意味での「体験主義」に陥っても問題です。「協力者会議報告書」でも、キャリア教育の実践は、学校の「すべての教育活動を通して」実施することを強調しています。キャリア教育の中身は、今後慎重に開発・検討していく必要がありま

す。

つまり、今日の狭い「学力向上」一辺倒の実践から一刻も早く脱出し、学校教育の改革としてキャリア教育を実施する(学校と社会を結びつける)ことが大切です。

「協力者会議報告書」では、アメリカのモデルに学びながら、表4―1のように、「学校段階別に見た職業的(進路)発達段階、職業的(進路)発達課題」をまとめています。とりわけ中学校段階における「肯定的自己理解と自己有用感の獲得」という課題は、思春期の発達課題と重なる重要なテーマです。それを抽象論や、道徳教育、心理主義などに陥らせず、次の課題として掲げる「興味・関心等に基づく職業観・勤労観の形成」に連動、発展させて取り組むと面白いでしょう。具体的な自己の課題として子どもたち自身の主体的な実践に発展するでしょう。また、「職業観・勤労観を育む学習プログラムの枠組み(例)――職業的(進路)発達にかかわる諸能力の育成の視点から」として、表4―2にあるように、「人間関係形成能力」「情報活用能力」「将来設計能力」「意思決定能力」に分けて、事例のように学校別段階で提示しており(例は中学校段階)、一つの実践モデルとしてよく整理されています。

この「学習プログラムの枠組み」の特長は、「人間関係形成能力」や「意思決定能力」など、これまでの進路指導とは比較にならないほど包括的で科学的な発達の視点で、子どもをとらえている点です。したがって、総合的な学校づくり、児童・生徒の育成の目標として、そのまま

表 4-2　職業観・勤労観を育む学習プログラムの枠組み(例)
——職業的(進路)発達にかかわる諸能力の育成の視点から

職業的(進路)発達にかかわる諸能力			職業的(進路)発達を促すために育成することが期待される具体的な能力・態度(中学校段階)
領域	領域説明	能力説明	
人間関係形成能力	他者の個性を尊重し，自己の個性を発揮しながら，さまざまな人々とコミュニケーションを図り，協力・共同してものごとに取り組む	【自他の理解能力】 自己理解を深め，他者の多様な個性を理解し，互いに認め合うことを大切にして行動していく能力	・自分の良さや個性が分かり，他者の良さや感情を理解し，尊重する. ・自分の言動が相手や他者に及ぼす影響が分かる. ・自分の悩みを話せる人を持つ.
		【コミュニケーション能力】 多様な集団・組織の中で，コミュニケーションや豊かな人間関係を築きながら，自己の成長を果たしていく能力	・他者に配慮しながら，積極的に人間関係を築こうとする. ・人間関係の大切さを理解し，コミュニケーションスキルの基礎を習得する. ・リーダーとフォロアーの立場を理解し，チームを組んで互いに支え合いながら仕事をする. ・新しい環境や人間関係に適応する.
情報活用能力	学ぶこと・働くことの意義や役割及びその多様性を理解し，幅広く情報を活用して，自己の進路や生き方の選択に生かす	【情報収集・探索能力】 進路や職業等に関するさまざまな情報を収集・探索するとともに，必要な情報を選択・活用し，自己の進路や生き方を考えていく能力	・産業・経済等の変化に伴う職業や仕事の変化のあらましを理解する. ・上級学校・学科等の種類や特徴及び職業に求められる資格や学習歴の概略が分かる. ・生き方や進路に関する情報を，さまざまなメディアを通して調査・収集・整理し活用する. ・必要に応じ，獲得した情報に創意工夫を加え，提示，発表，発信する.
		【職業理解能力】 さまざまな体験等を通して，学校で学ぶことと社会・職業生活との関連や，今しなければならないことなどを理解していく能力	・将来の職業生活との関連の中で，今の学習の必要性や大切さを理解する. ・体験等を通して，勤労の意義や働く人々のさまざまな思いが分かる. ・係・委員会活動や職場体験等で得たことを，以後の学習や選択に生かす.
将来設計能力	夢や希望を持って将来の生き方や生活を考え，社会の現実を踏まえながら，前向きに自己の将来を設計する	【役割把握・認識能力】 生活・仕事上の多様な役割や意義及びその関連等を理解し，自己の果たすべき役割等についての認識を深めていく能力	・自分の役割やその進め方，よりよい集団活動のための役割分担やその方法等が分かる. ・日常の生活や学習と将来の生き方との関係を理解する. ・さまざまな職業の社会的役割や意義を理解し，自己の生き方を考える.
		【計画実行能力】 目標とすべき将来の生き方や進路を考え，それを実現するための進路計画を立て，実際の選択行動等で実行していく能力	・将来の夢や職業を思い描き，自分にふさわしい職業や仕事への関心・意欲を高める. ・進路計画を立てる意義や方法を理解し，自分の目指すべき将来を暫定的に計画する. ・将来の進路希望に基づいて当面の目標を立て，その達成に向けて努力する.
意思決定能力	自らの意志と責任でよりよい選択・決定を行うとともに，その過程での課題や葛藤に積極的に取り組み克服する	【選択能力】 さまざまな選択肢について比較検討したり，葛藤を克服したりして，主体的に判断し，自らにふさわしい選択・決定を行っていく能力	・自己の個性や興味・関心等に基づいて，よりよい選択をしようとする. ・選択の意味や判断・決定の過程，結果には責任が伴うことなどを理解する. ・教師や保護者と相談しながら，当面の進路を選択し，その結果を受け入れる.
		【課題解決能力】 意思決定に伴う責任を受け入れ，選択結果に適応するとともに，希望する進路の実現に向け，自ら課題を設定してその解決に取り組む能力	・学習や進路選択の課程を振り返り，次の選択場面に生かす. ・よりよい生活や学習，進路や生き方等を目指して自ら課題を見出していくことの大切さを理解する. ・課題に積極的に取り組み，主体的に解決していこうとする.

掲げることが可能となっています。

たとえば、愛知県のある小学校では、小学校段階として見事に実践しています。四つの領域目標をそのまま「キャリア教育」の「身につけさせたい能力」として掲げ、同時に「心を育てる部会」「学びを深める部会」「夢を広げる部会」の三部会で研究を推進しています。各教科はもちろんのこと、すべての教育活動をキャリア教育の視点で〝再構築〟してカリキュラムを編成。自己肯定感・有用感を高めながら四つの領域の育成、獲得をめざしています。「学校好き」になったせいか、児童の欠席率が一％以下に下がったり、教師自身も自らのキャリアを振り返って「教師であること」に自信が持てるようになったり、職場のチームワークも良くなったと報告しています。

第二の課題は、小・中・高の、画一化された学校文化や学校価値、評定・評価の見直しが求められることです。また次にみられるように学校の主役として、児童・生徒の学校参加を、今後どう進めていくのかが重要な課題とされています。

・児童・生徒の将来における社会参加を視野に、学校教育を計画・実施する。
・児童・生徒が多様な社会的な役割とその選択可能性を理解し、積極的に社会参加しようとする意欲・態度を養う。
・キャリア教育の総合的な計画を立案する。

第三の課題は、中・高校段階における、入試システムそのものが引き起こす子どもたちの発達阻害の問題をどう克服するかです。つまり、入試の公平さを堅持するために生み出された各教科、生活、人物の評価や試験をクリアすることに偏った進路・進学指導の問題があります。私の講義で、学生にリポートさせると、必ず「中学校生活も高校生活も、評価システムに縛られていた」と述懐します。とくに推薦入試を経てきた学生は、ずっと「よい子」を演じ続けてきました。その苦悩がつづられている文章に目を通すと、高い評価を得るために、常に偽りの自分を演じ続けていたことがうかがわれます。そうするなかで、アイデンティティの形成に歪みが生じ、自己肯定感が育ちにくいという発達的な問題を抱える学生が現れるのではないかと不安です。

第四の課題は、「知識と労働」をいかに結びつけるかです。「児童・生徒のキャリア発達を指導・援助する」、学習や体験の機会を提供するための指導計画を立案・実施することです。小・中・高校の各段階ごとに、職業的発達段階と発達課題を明示することによって、生きる力につながる人格と学力の形成を統一的に進めようとするものです。

第五の課題は、大学における「実践的キャリア教育」を早期に確立することです。これは、いまようやく進みはじめたように思います。私の授業では、「自己のとらえ直し」「学生の育て直し」「生きるコアの形成」「人間信頼の獲得」などのサポートをするという側面を重視しています。そのための「学び合い」「育ち合い」の関係づくりを授業展開の中心に置いています。つまり、小・中・高・大の連携による継続的・発展的な子ども・青年援助が重要な課題です。日本の大学ではまだあまり実践されていないのですが、「学生自身によるキャリア・デザイン」の交流研究も注目に価します。学生が主体になった実践が一方の軸に据えられながら、もう片方では大学のカリキュラムと生活全般がそれらと刺激し合って相乗効果を生むような組立てが理想かもしれません。

（3）「働く意味」を学ぶ

「労働とは何か」を学ぶ困難さ

「労働は、憲法に保障された義務であり、権利でもある」などと、いかに力説しても、その実態が実感として子どもたちに伝わるわけではありません。生活と労働、学習と労働から学校生活も家庭生活も乖離してしまっている現代社会においては、「学ぶ意味」以上に「働くとはどういうことか」を教える方が困難に陥っています。

「好き」なことを薦める『13歳のハローワーク』

『13歳のハローワーク』（村上龍、幻冬舎、二〇〇三年）が、B5判で二六〇〇円と高価であるにもかかわらず、一一〇万部を超える(二〇〇五年)ベストセラーになった第一の理由は、このような今日の労働に関する学習の困難さや、ニートを生み出す社会的不安が、親世代を中心に広がっていたからでしょう。また、中学・高校の教師たちが率先して進路学習の教材として取り入れたり、自分たちも参考にしている現状があります。つまり、新しい仕事観や就職観を提示するキャリア教育の指針や教材に、それほど飢えていたのです。したがって、『13歳のハローワーク』では、派遣、起業、資格など、雇用の現状をすべて網羅した「仕事の百科全書」的な編集になっています。

同時に、企業社会のこれまでの終身雇用、年功序列という雇用慣行は、いまではほぼ崩れ去り、学歴社会も陰をうすめた現実にたじろぐ親にとっても、わが子に手渡したい、またとないバイブル的存在の本になったのです。著者の村上氏は次のように説きます。

『13歳のハローワーク』というタイトルにしたのは、13歳という年齢が大人の世界の入り口にいるからです。(中略)強い身分制度があった江戸時代、農家に生まれ育った子どもは、農家で働くのだと一〇〇%決定されていました。江戸時代の子どもには、将来自分はどんな大人になるのだろうという不安もとまどいもありませんでした。

今は違います。13歳は自由と可能性を持っています。だからどうしても世界が巨大に映ってしまって、不安ととまどいを覚えるのです。わたしは、仕事・職業こそが、現実という巨大な世界の「入り口」なのだと思います。わたしたちは、自分の仕事・職業を通して、世界を見たり、感じたり、考えたり、対処したりすることができるようになるのです。（中略）この本にある数百の仕事から、あなたの好奇心の対象を探してみてください。あなたの好奇心の対象は、いつか具体的な仕事・職業に結びつき、そしてそれが果てしなく広い世界への「入り口」となることでしょう。

（『13歳のハローワーク』「はじめに」より）

村上氏は、「好奇心」をキーワードに「何も好きなことがないとがっかりした子のための特別編」まで設けています。そこには、「戦争が好き――軍事評論家、戦場ビデオジャーナリスト、傭兵、アメリカ軍兵士」や「ケンカが好き――プロレスラー、格闘家・武道家」などと並びます。中・高生が手にすると、まず多くの子が最初にページを開くのがこの特別編です。それだけ、「好きなこと」が見つからない子どもが多いのかもしれません。あるいは、心憎いばかりの氏の配慮が子どもたちの心をキャッチするのでしょうか。しかし、武道家がケンカ好きだとか、戦争の悲惨さを訴えるために、命を賭して戦争ジャーナリズムの仕事に挑んでいる人々を、単純に「戦争好き」ととらえるのは、明らかに誤りであり、正確ではありません。

確かに、江戸時代の身分制社会や近年の学歴社会に比べれば、現代の子どもたちは、自由度が増し、「好き」をキーワードに仕事を選べる時代になったことは事実です。その過渡期の現象として、雇用形態の多様化やＮＰＯ、起業ブームなど、次々と新しい変化が生まれています。しかし、「好き」は一つの座標軸にすぎず、決して万能な視点や選択基準ではありません。純粋に個人的な「好き」という座標軸だけで仕事をとらえると、うっかりすると他者を傷つけたり、自らの尊厳を喪失したりしかねません。働くということから社会性や公共性を捨象することはできないのです。

では、私たちは、「働くこと」をリアルで夢のある教育課題として、どのように子どもたちに提示するべきでしょうか。これまでの論述を踏まえながら整理したいと考えます。

未来をひらくキャリア・デザイン

今日、議論の的になっている子どもたちの学力低下や学習意欲の減退、性や社会生活のモラルの低下、少年犯罪の多発、青年層におけるニートやひきこもり問題などは、現代社会の病理現象でしょう。つまり職業や働くということ、政治や経済に関わる教養、性に対する知識など、子ども・青年が生きるうえで不可欠な学びが、学校教育において保障されていないことを示しています。

とりわけ高校では、学校から社会への「出口」として、子どもたちが精神的にも実生活上も

「自立」できるように支援する発達課題が求められているのです。そのためには、広い意味で、学びへの本質的な目的意識を育て、生涯にわたって確かな生き方をきりひらく進路観(キャリア・デザイン)を持つ土台を築かせるべきでしょう。

そのカリキュラムの一環として、先に紹介した新しいキャリア教育は不可欠といえます。しかし、すべてが正しいわけでも十分なわけでもありません。以前から私が批判してきた(拙著『これからの進路教育』大月書店、一九九四年)既成の進路指導論の弱点も含まれています。克服すべき重大な課題もあります。その第一は、「適性適職主義」であり、二つ目が「適応主義」です。

キャリア・カウンセラーによるカウンセリングも、心理主義の狭い落とし穴に陥ると、視野の狭い自己「理解」とその「分析」に基づいた現実社会への単なる「適応」に導きかねません。つまりこれら社会と現実そのものが克服すべき課題や矛盾を、それとして感じさせない麻薬の役割を負ってしまう危険があるのです。諸心理テストや職業テストの類も、一見、科学をよそおいながらも、逆に子どもたちの可能性を封じ込めかねません。今日では批判を受けて下火になったものの、知能検査や適性検査は、ヒトゲノムの解読も手伝って、いまだに根強い「遺伝決定論」などと容易に結びつく心配もあります。また、学校の道徳教育に安易に取り込まれるとさらに危険です。なぜなら、たとえば学級の係活動(小学校)で、自分が「社会のなかである役割を果たす喜び」を感じさせ、それを道徳教育によってより鮮明に意識化させる。それを中・高段階では、強引に「職業観」に統合されたのでは、きわめて、操作主義的なキャリア・デザインといわざるをえません。生きる主体としての子どもの尊重や真の自己決定があやしくなるからです。

労働観形成の五つの基本原則

前述のような落とし穴にはまらないためにも、次の五つの基本原則を念頭に置く必要があります。第一には、労働の意味について学ぶことが大切です。先の村上氏の言葉を借りれば「仕事は、わたしたちに、生活のためのお金と、生きる上での必要な充実感を与え」るものとなります。つまり、労働によって「人間の生存と生活の条件」をつくることができるのです。

第二には、逆にだからこそ、単にパンのみのための労働や、機械的で労働者を人間扱いしない労働は、人間性を疎外しかねません。自分が個人として好きなだけでなく、人々の幸せや文明の発展、人類の進歩に役立つにこしたことはないのです。

第三には、したがって、どのような労働条件や職場環境であるかという問題は、きわめて重要であり、すべての働く人々は大切にされなければならないのです。本来、「過労死」や「過労自殺」などあってはならないのです。

進路観形成の五つの視点

第四には、以上のように考えると、労働を通して、人は成長・発達するのです。つまり労働を通してスキルだけでなく、生涯にわたって人格にも磨きをかけることができるのです。それだけに、働く人々の仕事への思い入れには格別のものがあります。これらの喜びや悲しみ、悩みを丸ごと受けとめることも、キャリア教育にとっては重要な要素です。

第五には、以上のような理由から日本国憲法第二七条では、労働は「義務」であると共に「権利」であるとうたわれているのです。この権利保障のためにも、その実現への道筋や労働三権、労働三法、社会保障、男女平等などの諸権利については、習得させるべきでしょう。

また、今日の失業やニート、フリーター問題は、若者の責任というよりは、正社員削減と即戦力重視の不安定な雇用を急増させた企業や社会の責任によるところが大きいのです。すなわち、子どもが青年期に負う責務や社会的役割をないがしろにし、目先の利潤にしか目を向けなかったこれまでの政策の当然の結果とみることができるのです。若年雇用対策費が、ＯＥＣＤ平均の一〇分の一（ＧＤＰ比）にすぎないという政府の政策にも目を向けるべきではないでしょうか。思春期の成長とは体や心理面だけではなく、このような「市民性」の獲得も重要な課題なのです。

では、進路観を形成するためにどのような視点が必要でしょうか。キャリア・ガイダンスの観点に立って整理します。

第一に、いかに好奇心・興味・関心を持てるかという視点です。いうまでもなく、嫌いなことをさせられるほど大きな苦痛はありません。「好きこそものの上手なれ」です。

第二に、人権尊重の視点、すなわち人間らしく働き、生きる権利の侵害はないのかどうか。

第三に、職業的、社会的モラルについて考える視点です。「高齢者をねらったリフォーム詐欺」など、建築関係の仕事が「好き」だからという理由で見逃すわけにはいきません。このような「仕事」の仮面をかぶった詐欺行為は、社会的にも追放しなければならない「犯罪」です。その意味では、虚偽の決算で人々を欺いたり、命を奪うアスベストを生産しつづけたり、欠陥自動車と認識しつつも販売したりする行為は、社会的モラルに反し、労働そのものの「社会的価値」を貶める仕事を続けてきたことになります。したがって、個人のみならず、いまや企業にとっても「好き」や「利潤追求」だけで、働くことはあまりにも視野が狭く、危険といえます。常に社会的に有用な労働であること、すなわち社会的評価、人々の健康や幸福、平和への貢献度などモラルが顧みられなければなりません。

第四に、変革の視点です。自己変革のみならず、企業や社会に関しても「変革」と創造の視点を持つことです。不安定な雇用形態が広がる現状でも、人権尊重の視点を貫けば、二一世紀的な生きがいや「人間尊重の労働のあり方」を新たな発想で生み出せるはずです。

第五に、生涯学習権の保障についての視点です。常に発展する技術の習得や情報学習だけでなく、自分自身を相対化し、社会の変化を見据えて学習しつづけるなかで、人間的発達も保障されるのです。

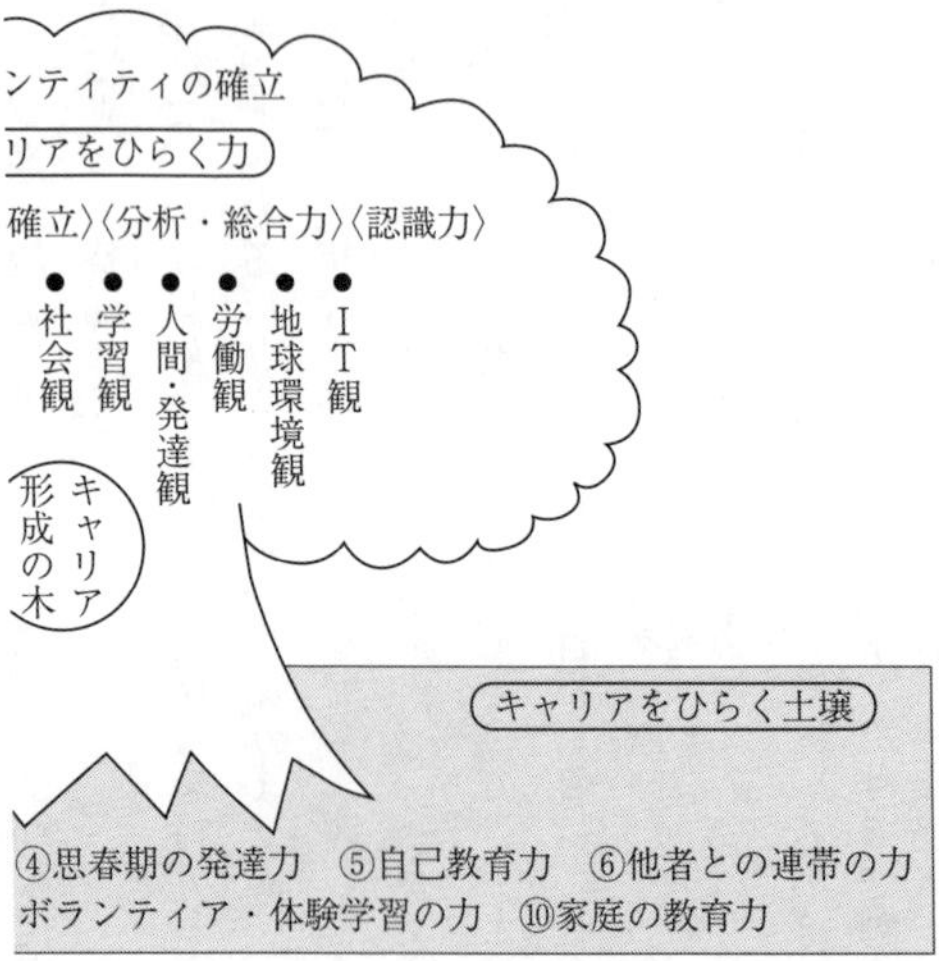

(2006年1月，尾木試案)

をひらく力」の木

キャリアをひらく

以上を図式化すると次のようになります(図4－1)。五つの基本的な視点は、「かけがえのない個人の幸せ」を保障するためです。つまり、アイデンティティの確立が最終目標といえます。この「キャリア形成の木」の特性は、土壌と幹と枝葉や果実からなっています。土壌からキャリアの木を太く高く成長させるためには必要な養分がいくつかあります。

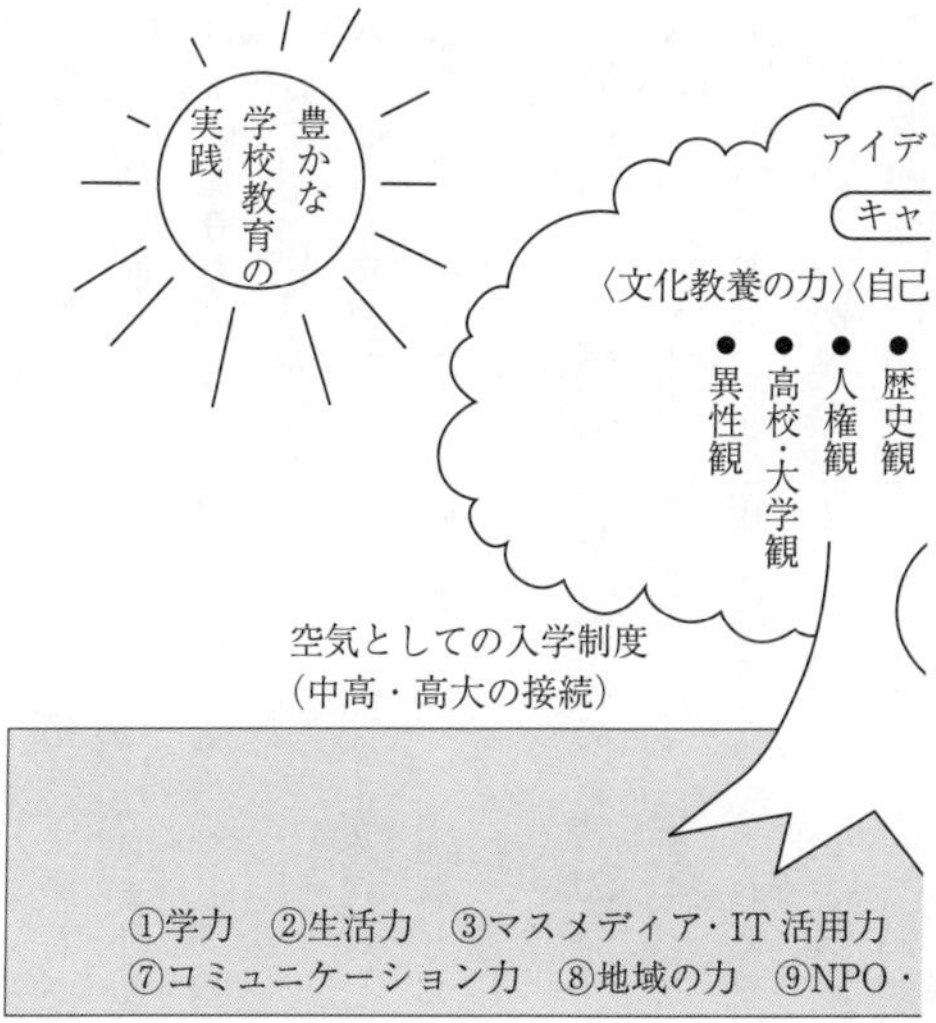

図 4-1 「キャリア

まず小・中・高における教科学習によって育まれる「学力」は、それ自体に内包される文化の創造力や人間発見の旅の道標として不可欠でしょう。

「生活力」は、家庭・学校を問わず基本的生活習慣や学校での分担実務、家事労働における連帯と他者認識力などを養成します。実生活や実体験に根をはった文化や創造的教養の育成にとっては大切な養分です。

「マスメディア・IT活用力」は、今日の社会に生活する子どもたちにとって、空気と水のように不可欠です。学校や家庭で習得したり、知ったりする何倍もの量と質の学習や情報収集を可能にしてくれます。

「思春期の発達力」にも、すさまじいエネルギーが潜んでいます。多くの大人や教師は、思春期をいわゆる反抗期、すなわちむずかしい時期として嫌います。大人に嫌われるほど大きな力を内包しているといえます。この力を押しつぶしたりしなければ、彼らは大人の予想以上の建設的なパワーを発揮するのです。

「自己教育力」は、思春期にとって必須の力です。なぜなら子どもは未熟で発達途上にいるからです。未熟だからこそ大人に保護・教育されると同時に、大人に頼るのではなく、子ども自身の力で乗り越えていかなければなりません。というよりも、子どもとは本来、そうしたパワーの塊りなのです。自分で自分を教育し、自分に合った形で自分を伸ばしていくのです。

「他者との連帯の力」と「コミュニケーション力」は、学校・家庭・地域を問わず、あらゆるところで必要とされます。真実や正義に対して斜に構えている仲間でも、感動体験を共有するなかでこそセミが脱皮するように、透きとおった美しい羽を陽の光に惜しげもなくさらします。

最後に、「地域の力」や「家庭の教育力」、「NPO・ボランティア・体験学習の力」にも大きいものがあります。ボランティア活動やさまざまな体験学習、インターンシップは、キャリアについて考え、進路観を形成させてくれる絶好の機会ともいえます。

以上の一〇の養分を太い幹が吸い上げます。この太い幹が進路観やキャリア観を形成します。進路観は一〇個の実として実ります。労働観、人間・発達観、学習観、社会観、歴史観、人権観、高校・大学観、地球環境観、異性観、ＩＴ観です。これらの形成を通して、子どもたちは、文化を創造する力に磨きをかけ、自己確立を遂げます。さらに、ものごとの法則などに対する認識力を高め、それは分析力や総合力の質をレベルアップするのです。

こうして具体的に「キャリアをひらく力」を身につけていきます。現実の社会や歴史のなかで自分が主体的な存在であること——この認識がアイデンティティの確立を促します。企業や世のなかの価値観にいいように動かされる人生ではなく、どこまでも自分らしく生きていけるのです。

とはいっても、当面、各高校や大学が魅力的で熱意あふれる〝実践〟を行っていなければなりません。それを中・高生は〝太陽〟としてあおぎながら進むのです。夢をもって高校・大学生活をイメージして進もうとします。

入試制度は、いままでは「中・高・大の接続」問題として、検討すべき課題です。どう選別するのか、どう競わせるのかが検討課題ではないのです。現状では、入試制度も含めて考えるしかありませんが、希望するどの子も成長・発達できる三年間を保障すべきでしょう。そのために最低限本人の意志があれば、だれでもが地元の高校に進学できる体制を準備するべきでしょう。それは、青年の発達にとっても大切な視点です。

以上のように小・中・高・大と発達段階に差はあるものの、キャリア教育の実践において、どの段階でも、ここで述べた「五つの原則と五つの視点」を貫くことが重要でしょう。

子ども・青年がこれらを習得できた時に、子どもたちの学習意欲に火がつき、学力が向上する可能性が大きいのです。子どもたちも、大人のパートナーとして、今日の社会の有為の形成者として、力を発揮しはじめるに相違ありません。そのことによって、いずれ大人と子ども・青年の共同参画社会が実現できることでしょう。

今日のように情報化の激しい社会においては、これまでのどの時代より、この共同参画の視点と姿勢が要求されているのです。これらは決して難しい課題ではなく、子ども参加が実現しさえすれば、より簡単で、スピーディに達成が可能になるのです。

第五章　思春期とともに生きる社会

――「子ども市民」の育成をめざして――

1　求められる心かよう教育行政

(1)　思春期を見守る教育行政を

教育論抜きの「教育改革」

今日、さまざまな形で「教育改革」が進行するなかで、地方教育行政は多くの矛盾を抱え、苦悩も大きいといわざるをえません。私はこの二、三年で、二〇〇人を超える教育長に会いました。その経験からいえることは、今日の教育改革には、残念ながら教育論から立ち上がっている施策が少ないということです。ほとんどが、「政治改革」の流れに位置づけられた、教育の「構造改革」と化しているのです。したがって、複雑であるはずの教育の中身が単純化され、経済の論理である市場主義や競争原理が猛威を振るっているのです。その結果、教育のあらゆる領域で、教育論抜きのスクラップ・アンド・ビルドが進行しているのです。

このようなかつてない状況の下で、多くの教育関係者は戸惑い、自信喪失に陥り、その結果、目の前の子どもの実態から出発するという、これまでの教育の条理を忘れそうになっています。

一部地域の教育行政では、権力を自らに集中させて学校と教師の実践的自由も個人の思想の自由も奪う結果になっています。たとえば、卒業式における「君が代」の声量指導通知を出すなど、教師に対する時代錯誤的な管理・統制を強化することによって、「改革」の活路を見出そうとする全体主義的傾向さえみられます。しかし教育の対象は子どもであり、本来彼らとともにある教師が教育実践の中心的な担い手であるべきで、具体的な指導方法や目標などは、現場が決めるべきことです。行政は、あくまでもそのサポート役にすぎないのです。表面的にはいかに「改革」が進行しているようにみえても、子どもや保護者、学校現場の教師に支持されていなければ、それは形だけにすぎません。結局は、長続きせず教育破壊を引き起こすことになるでしょう。

しかし、その反対に目を見張るような、子どもも教師も輝く真の意味での「改革」を進めている学校もあります。これまで見てきたような子どもと教師の心をつかまない教育行政から、いかにすれば脱することができるのでしょうか。

いま求められているのは、子どもが主役になり、教師に元気が出る改革です。そのためには、子どもの心を理解した教育改革を進めることです。たとえば、子どもにとって本当に必要な力、学力とは何かをとらえ直すことです。九九《くく》のスピードや正答の数値のみの表面的な「学力」競争に心を奪われてはなりません。数字やスピードで子どもを管理するのは間違いです。教師にはあくまでも、目の前の子どもたちの、生活と心のありようをリアルにつかむことが求められます。教育は、そこから出発し、実践・改革すべきなのです。

また、「小・中一貫校」の設置など、目先の形だけを変えた「教育の構造改革」に目を奪われてはなりません。

いま必要なのは、もっと子どもたちの声に耳を傾け、彼らの自己肯定心情を育むことです。そして、自分に自信を持って他者とコミュニケーションがとれるように対人関係づくりの土台を固める支援をすることではないでしょうか。そのためには、教師は子どもたちの日々の辛さや喜びと向き合い、学校生活の主役として尊重することが必要不可欠なのです。そして行政こそ、それらのサポーターに徹すべきなのです。

教育行政の改革

教育行政が、本来の使命である住民自治の原則に立ち返り、正常な機能を回復し、その行政能力を高めるためには、以下の三点が不可欠です。まず第一に、「子どもの目線」に立つことです。これまでも繰り返し指摘してきた点です。いかなるケースでも、子どもの生の声や姿に触れ、そこから出発することが重要です。第二に、保護者、教師、NPOなど市民団体や地域、企業と日常的に交流し、施策の立案、決定には、子どもや市民の参加・参画を積極的に拡大・

推進することです。そして、第三に教育行政自身が教師や保護者、住民の評価を受ける「評価制度」を導入することです。

つまり、教育基本法第一〇条にある「教育行政は、この自覚のもとに、教育の目的を遂行するに必要な諸条件の整備確立を目標として行われなければならない」という原点を再確認し、そこに立脚するだけでなく、二一世紀の行政にふさわしくインタラクティブな関係性を多面的に構築し、発展させることです。

教育活動の主体は学校であり、行政はあくまでも学校現場のサポーター役にすぎないことを忘れてはなりません。教師にゆとりが生じ、心に元気がみなぎる能力開発型の教員政策こそ、いま求められているのではないでしょうか。

危機への対処

数多くの少年事件に関して、教育行政と学校現場の危機に対する管理の実態や動向の問題点を現地調査の結果を踏まえながら、臨床教育学的に整理してみます。すると、以下のような三つの実践的特徴と課題が鮮明になります。

第一には、危機管理が要求される諸事件においても、一人ひとりの教師、学校、行政は、それぞれ当事者の思いとは裏腹に、ほとんど「子どもの目線」に立てていないということが共通した特徴です。したがって、子どもの実態把握や、思春期の心の発達論、感情教育のあり方などが議論されたり確認されたりすることがありません。理論も展望もないまま、現場では教育行政を中心とした実践が、管理・点検をテコに進行しています。

結果的には行政も学校も、一人ひとりの子どもたちの心には寄り添えず、教師の形式的な「指導性」や子どもに何かをやらせる、操作的な「活動性」ばかりが前面に出ています。教師中心的で自己満足的、悪くいえば「私はこれだけ努力しました」と弁明するための責任逃れの実践スタイルに陥っています。教育とは何か、行政も一人ひとりの教師も立ち止まって、もう一度原点に立ち返り心を開いて議論を深めることが求められています。

第二には、子どもを囲む大人たちの個性的かつゆるやかな「共同」が不足していることです。したがって、行政の誤った現状認識に基づいた強引な施策が、次々と学校現場と子どもたちを襲う結果を生んでいるのです。地域とともに歩む学校づくりを進めるためには、地域の市民が、学校を地域の中心となる「基地」としてさまざまな活動を行うくらいの大胆な発想が不可欠なのです。私は、このような学校づくりを「スクール・コミュニティ」（『子どもの危機をどう見るか』）と呼んでいます。これに対して、文部科学省が提唱する「コミュニティ・スクール」（地域運営学校）は、学校設置者である教育委員会が指定し、地域住民や保護者の要望を汲み上げて、公立学校の運営をするのが目的です。二〇〇四年に制度化され、すでに六都府県一九校で実践されています。二〇〇六年度には、全国で一〇六校に拡大する予定ですが、先行地域では、地域住民が遠足の引率を補助したり、学校と地域のつながりが生まれています。このような下地がないと、非行に走る子を更生させることも、子どもの安全を守る地域づくりも、その場しのぎとなってしまいます。地域文化、大人と子どもの関係性の質的な向上も困難です。ただし、これも学区域があればこそ地域力が発揮されるのです。学校選択の自由制の下では、弱者は切り捨てられることになりかねません。

第三には、危機管理下におけるカウンセリングへの依存度が強すぎることです。カウンセラーは、臨床心理の専門家であり、教育の専門家ではないことを行政は肝に命ずべきでしょう。事件が発生するや直ちにカウンセラーを派遣し、これで、初期の対応責任を果たしたと考えるのは早計です。カウンセラーの専門的な支援は受けながらも、学校現場は、あくまでも子ども理解と臨床教育論、教育実践論を軸にすえ、具体的でダイナミックな危機管理の実践を展開し、充実させることが求められているのです。ただでさえ、スクール・カウンセラーは、日常的に教員から孤立しがちな一人職種です。生徒がほとんど相談に来室しない中学校も多く、カウンセリングの技能も落ちてしまいます。しかも週八時間の非常勤という不安定で将来性もない身分では、苦悩も大きいのです。スクール・カウンセラー制度そのものの見直しや改善が必要な時期にきているようです。

（2）「命の教育」の土台は自己肯定感

「命の大切さ」は「感じさせる」もの

ことあるごとに「心の教育」や「命の教育」の大切さが叫ばれます。が、それらの意味が曖昧なまま、中身や目的などが伴わずに美しい言葉ばかりが先行している感があります。大人の方こそこれらの概念や実践について、熟考する機会を必要としているのではないでしょうか。

「心の教育」や「命の教育」を推進する人は、とかく校長訓話や道徳教育などによって命の大切さを本当に「教える」ことができると信じている傾向があります。しかし、本当にそれらは有効なのでしょうか。

「命は大切だ。命を大切に。そんなこと何千何万回言われるより「あなたが大切だ」。誰かがそう言ってくれたらそれだけで生きていける」（公共広告機構）というコピーが新聞に掲載されていました。このメッセージには、問題点が的確に表現されています。理論的にも実践的にも、この広告が述べていることの方が説得力があります。にもかかわらず、文部科学省の「児童生徒の問題行動に関するプロジェクトチーム」までも、佐世保児童殺害事件の後、二〇〇四年一〇月には、「心の教育」を防止対策の第一に掲げたのです。これに従って、いまや全国の教育現場は「心の教育」「命の教育」一色の様相を呈しています。

残念ながら、このように徳目を教え込むスタイルの道徳教育で、「心の教育」が達成できるものではありません。つまり、どの子も、先のコピーのように「自分自身の命が大切にされている」という自己存在感や有用感が実感できる生活環境の下で、伸びやかに学び、遊び、生活できているのか――この生活の前提の有無こそが、「命の大切さ」を「感得」できる教育が成功するか否かの分岐点なのです。命が大切だという感情や意識が形成できる環境と条件が整わなければ、抽象的な概念や徳目の注入だけでは、新たな認識が獲得されたり、醸成できたりするはずがないのです。大人の自己満足に終わるだけではないでしょうか。子どもたちは、むしろ大人たちが何をなすのかを見つめているのです。

自己肯定感を高める

我が国の子どもたちの自己肯定心情(セルフエスティーム)は、どのデータをとっても国際的に際立って低い傾向にあります。

たとえばＰＩＳＡ調査によると、「学校は、決断する自信をつけてくれた」という項目に対して、「全くそのとおりだ」「そのとおりだ」という回答が、ＯＥＣＤ平均は七〇・一％に対して、日本は五一・九％です。一八・二ポイントもの差が生じています。また、日本青少年研究所による日本・アメリカ・中国三カ国の中学生の意識調査では、「自分に満足している」と答えた中学生が、アメリカは五三・五％、中国は二四・三％、それに対して、日本はわずかに九・四％と極端に低いのです。「私は、多くの良い性質を持っていると思うか」に対して、「よくあてはまる」(六・六％)と「ややあてはまる」(二八・〇％)が計三四・六％。ところが、アメリカは八九・三％、中国は五五・五％です(二〇〇一年一〇月〜二〇〇二年三月、それぞれ一〇〇〇〜一三〇〇人対象)。二つの国に比べると、いかに自己肯定心情が弱いかは明らかです。

東京都豊島区による「自分の「いのち」が輝いていると感じたことがありますか」というアンケート調査に対して、「ある」は一八・八％で、「ない」(三五・七％)の半分にすぎません(区内中学生一五〇〇人対象、回収率九〇％。二〇〇三年五月実施)。

セルフエスティームが乏しければ、当然命を尊重する気持ちも低くなります。したがって、いかにこのセルフエスティームを高めるのか、その方策を考えた方が、結果的には子どもたちに「命の大切さ」を体得させる近道にもなるのです。

我が国の親子関係は、お母さんに娘を抱きしめて下さいとPRしなければならないほど、愛情が不足し、愛し方がわからない深刻な時代に突入しているのです。つまり、親子関係の土台そのものが揺らいでいるといってもよい状態です。「心の教育」をいかに声高に強調しても、浸透させるべき前提や土台が溶解しているに等しい状況なのです。また自らの実践に自信が持てず、包括的反省もなく、科学的、教育的な見通しを立てることもせずに、手当たり次第の発想に陥ってはなりません。教育実践は種類の多様さが重要なのではありません。実践上の切り口の確かさとその奥の深さ、つまり実践の質こそが子どもたちを変容・成長させるパワーなのです。

人間性を大切に

深刻な事件が起きたあとの学校や行政の対応で、最近気になる点があります。それは、重大な事件が起きているのにもかかわらず、外から見ると、まるで何事もなかったかのように、学校生活が流れていくことです。

二つの例を紹介しましょう。二〇〇五年四月、ある中学校で女子生徒が学校で首つり自殺をしたにもかかわらず、その子が所属していた部では、翌日の通夜の日に、予定どおり「新入生歓迎演奏会」が開催されたのです。

また、二〇〇五年一二月に京都の大学生の塾講師が、教え子の小六女児を殺害するという事件が起きました。学校ばかりに目が向いていた私たちは、虚を衝かれたような衝撃を受けました。しかし私は、その後の関係者の対応にも、さらにショックを大きくしました。女児は土曜日の朝に命を奪われたにもかかわらず、すでに月曜日には、自習という名目で塾が再開されたからです。翌火曜日には、本格的な講義まで行われています。被害者の通夜に、被害者と同じ塾仲間の子どもたちが中学受験の勉強をさせられているといった光景を、私は恐しくて想像することができません。受験が五十数日後に近づいていたために、親の要求もあったとはいえ、これでよいのでしょうか。教育行政や学校関係者はなぜ、ストップするようにアドバイスをしなかったのでしょうか。人の命にかかわることでは、人間として「おせっかい」をやくべきなのです。友だちの死をも無視して受験勉強をした子どもたちは、その異常さにきっと勉強が手につかなかったことでしょう。やがて成長し、そのことの不可解さに気づいたときには、どれほど心に傷を負うことでしょうか。取り返しのつかない「教育」が行われたのも同然です。数日の間、喪に服してから、被害少女の分までがんばって勉強し、全員が合格するんだと心を固めれば、子どもたちは一気に飛躍できたはずです。

こうした事態は、そのこと自体が社会的に大きな「事件」といえるほど深刻であり、教育の危機を象徴しています。真実に向き合う教育の真摯さ、誠実さを喪失しているかにみえます。

先述の佐世保事件の直後、私が当該小学校との研修会(二〇〇四年八月)で、九月の二学期から子どもの心を癒す教育実践の一つとして提起した取り組みは、残された六年生三六人の子どもたちが夢中になって共同、共創できる場面をつくり出すことでした。

そのような心が一つになる「実践」に取り組むことを通して、深い傷心の子どもたちは共同の汗を流し、苦労と喜びを分かち合えるのです。お互いが同じクラスの仲間であることを実感でき、安堵をし、心が癒されるのです。ひいては、そこから友だちに対する信頼感が芽生え、一人ひとりに生きる元気を出させます。未来につながる希望も見出させるのです。

結局、同小では、九月から「よさこいソーラン踊り」の練習を始めました。それまで不登校気味であったり、遅刻傾向にあった児童も含めて、全員が元気に登校したといいます。これこそ仲間が醸し出す連帯の力と癒しでしょう。

同小の六年生は、二〇〇四年一〇月二三、二四日の「YOSAKOIさせぼ祭り」に学級参加し、市民の前で見事な踊りを披露したのです。チーム名は「鵜己輝庵(We can!)」といいます。「感動賞」を受賞し、副賞としてジャガイモ一〇〇キログラムを受け取りました。これを一一月のPTA主催のバザーで販売し、収益金は新潟県中越地震の義援金として拠出しています。

人と人とのネットワークこそ必要

「びっくりしました。いま、駅を降りて改札口へ向かっていたら、小学生の男の子が首からピンクのケータイをぶら下げて歩いているんです。危険ですね」

ある講演会で話の冒頭、突然私はこう切り出しました。案の定、講演を聴きに来た人々は合点がいかぬ表情で見上げています。

二〇〇四年一一月、奈良で小学一年生の女児が下校途中に誘拐され、殺害される凶悪な事件が発生しました。この女児はふだん、首からケータイをかけて下校していたといいます。学校を出る前には母親と通話をしていました。親は娘の居場所と安全を確認していたのです。この電話はGPSが内蔵されており、五メートル以内の誤差で居場所を特定できます。

これほど、わが子を守る手だてを尽くしていたにもかかわらず、なぜ、女児はこのようにむごい事件の犠牲になってしまったのでしょうか。

もちろん、決定的な理由はわかりませんが、この事件も含め、ケータイを首からぶら下げていることが、逆に「危険」信号に転化する可能性も考えなくてはなりません。

実は、周囲の大人の目が行き届いていないという、その証拠として〝首からケータイ〟の姿になっている可能性もあるのです。昼間から雨戸を閉めていると、一見安全で安心のようですが、逆に長い期間留守であることをアピールしているのと同じことです。空き巣狙いにとっては、またとない対象になりかねません。首にケータイという姿は、この留守宅の雨戸と同じ役割を果たすことになってしまいます。

事件後、テレビのニュース番組で、ある自治体がすべての小学生にGPSの端末機をプレゼントしたと報じ、「これで安心です」とにこやかにインタビュアーに微笑んでいたお母さんの顔が忘れられません。

このように、ツールだけに安全を依存するのは間違いです。現に、子どもが持つ防犯ブザーでは、鳴っているのを聞いても、はじめから「いたずら」だと考えて、駆けつける大人は少ない、と子どもたちは言います。

子どもや街の安全は、結局は人々のネットワークを日頃から築くことでしか守れないのです。安全で安心な地域で住民がネットワークを張りめぐらせていれば、小学一年生にケータイは不要なはずです。監視カメラが街の安全を守りきれないのと同様です。教育行政も「安全マップ」の整備や情報技術（ＩＴ）を使う機器への依存（総務省は二〇〇六年一月にＩＴシステムを使用した事例収集に乗り出しました）や、集団下校の指導ばかりでなく、まず前提となる「安心できる、犯罪の起きない街づくり」のために共同する必要があります。

（３）　思春期をサポートできる教師

教師の力

教育は教師の力に負うところが大きいのも事実です。もちろん、たとえば、四〇人学級よりも三〇人、三〇人よりも二〇人学級の方がテストの点数が高いことが、いくつかの研究調査の結果（たとえば、加藤幸次「学習集団の規模とその教育効果についての研究」一九八八〜八九年調査）でも明らかです。したがって全国の多くの自治体が、厳しい財政事情にもかかわらず、何らかの少人数学級を実施しているのです。学力だけでなく、いじめの減少、子どもの落ち着き度などでも効果があるようです。したがって、教育条件や環境が優れているといったことも、教育には重要な要素ですが、厳しい条件のなかでも教師と子どもたちの心がかよえば、希望を持つことができます。それが教育の魅力でもあります。では、難しい思春期の発達をサポートできる教師の条件とは何なのか、考えてみたいと思います。

「良い先生」の条件

一般的に「良い先生」とは、どんな先生でしょうか。大学に入学したばかりの一年生と、大学の学部合宿のワークショップで、小・中・高時代の学校体験を振り返りながら考え合いました。

具体的な場面や事例を想い浮かべながら、グループ討論を通し抽象化・理論化してみました。まず自分たちが出会った「良い先生」の条件をカードに記録し、それらを眺めてみると、ある共通した特徴が浮かび上がってきました。

・一人の大人として向き合い、認めてくれる
・いつもニコニコしていて優しい
・生徒に対して、フレンドリーに接してくれる
・分け隔てなく生徒に接してくれる

ここには、子どもたちを一個の人格をもった、大人と対等な完成体として尊重し、穏やかで優しく、寛容に満ちた姿勢で接する教師の姿が提示されています。

次に具体的な行動に関した項目について整理してみました。

・どうしようもない生徒にも必死に進路の相談に乗ってくれる
・悪いことをしても怒らずに、納得するまで時間をかけて説教してくれる
・体育祭や文化祭で一緒になって楽しんでくれる

これらからうかがえる教師の児童・生徒観にはすばらしいものがあります。どんな生徒（特に非行や問題行動のある生徒）に対しても説得的であきらめとは無縁の、信頼のおける対応をします。厳しさとともに生徒のことを思いやる心、生徒とともに歩もうとする一体感を醸し出しています。これらは、プライドが頭をもたげる思春期の子どもたちが最も求める教師像と一致しています。

教育実習生が教えてくれたこと

新聞の投稿欄に、あるお母さんが「教育実習生に泣いた娘」と題して一文を寄せていました。小学四年生になる娘さんが、自分の似顔絵を大切に持ち帰ったというのです。一カ月の教育実習を終える最後の日に、実習生がクラス全員の子どもたちに、それぞれの似顔絵を描いてプレ

ゼントしてくれたのです。「もう会えないの、いやだ。先生になってもう一度、教えてほしい」。夜、突然布団のなかで泣き出した娘さん。もらった似顔絵の片隅には、「音読がすばらしかった」と一言コメントが添えられていたとのことです。以来、娘さんは毎日欠かすことなく音読を続けています。お母さん自身も、小学四年生の時、教育実習生から手製の名前入りのハンカチをもらい、大切にしていた経験があるといいます。なんとすがすがしい話でしょうか。

最近、よく教師教育について論じられます。指導力不足教員や問題教員をなくすために、教員免許の一〇年ごとの更新制度を導入するとか、優秀なリーダー教員を養成するために学部卒業後、さらに二年間学ぶ「教職大学院」を創設する(二〇〇七年度より)などと中教審でも方向が定まっています。

これらの提言の底流には、世論の厳しい批判に応えようとする熱意とともに、教員をチェックし、管理しようとする視線も見え隠れしているように感じられます。

「教職大学院」構想も、うまく機能すればよいのですが、教員が差別化されることになる懸念があります。また、たとえ、そこを優秀な成績で卒業しても教育現場で通用するリーダーとして力を発揮できるとは限りません。チームプレーが原則の学校現場では、何よりも協力・共同が大前提だからです。それを理論的、学問的にも促進するような大学院にするべきです。

こう考えると、行政的視点からの制度改革にはなかなか難しい壁があります。こんなときには、これまでも繰り返し述べてきたように、いっそのこと、「子どもの目線」に立って子どもに任せてみてはどうでしょうか。というのは、「子どもの目線」に立ったときに、子どもたち自身が求めている「良い先生」とは何かが、浮き彫りになってくるからです。

先の教育実習生は、小四の子どもたちにとってはきっと「良い先生」であったはずです。大学院どころか、大学の四年生、つまり現役の学部の学生です。「免許の更新」どころか、免許さえ持っていない教員の卵にすぎないのです。

にもかかわらず、なぜ子どもたちは免許もない実習生にひかれたのでしょうか。その理由の解明は、「教職大学院」など教員養成施策にとって何が大切かを教えてくれるはずです。

それは、教える「技術」でもなければ、知識の量でもないでしょう。子どもたちの心にしなやかに対応し、その喜びや悲しみに共鳴・共感できる感性と人間性ではないでしょうか。または、子どもの不安や葛藤の渦のなかに、我を忘れて身を置くことができる「勇気」や「迫力」ではないでしょうか。すなわち、そこまで子どもを頼り、信頼できる「人間力」なのです。このように、若い実習生からも学ぶことは多いのです。

先生のやる気が育つとき

では、教師のやる気が育つのはどういったときなのでしょうか。あるいは、そのためにどういう条件が整えばよいのでしょうか。

「はつらつ先生」「授業の鉄人」など優秀な教員に称号を与える教育委員会は、全国三五都道府県・政令市に上ることが最近の文部科学省の調査によって判明しました。「スーパー教員」「エキスパート教員」「パワーティーチャー」「ティーチャー・オブ・ティーチャーズ」などと各教育委員会は、ネーミングにも知恵を絞っているようです。給与面の優遇や海外研修などの〝ごほうび〟と同時に、県教委などが実施する研修会の講師役としても活躍してもらうといいます。

二〇〇四年に、「指導力不足教員」が五五六人と過去最多に達したことが問題となったばかりです。おそらく各行政が、これら問題教員発生に対する世論の批判に応えつつ、教員全体のレベルアップをはかろうと奮闘した努力と工夫の証ではあるのでしょう。

しかし、このような個別的な方法では、競争を煽ったり、ねたみを生んだりしてチーム力を育てにくい心配があります。もっと一般的に教員がやる気を出す施策が求められます。では、教員がやる気を出すときとは、どんな場面なのでしょうか。私の経験や教師たちの話などをもとに考えてみたいと思います。それは、次のような条件のときです。

①困難を乗り越えたとき。学習指導や学級経営、クラブ・生徒会指導などの場面でぶつかっていた壁や困難を突破できたとき。「やったぞ！」という喜びとともにやる気が湧いてくるも

のです。

②予想以上の成果があがったとき。学習・生活指導（学級指導）など分野の別を問わず、当初の予想以上に児童・生徒が大きな成果を上げたとき。思わず「子どもってすごいな」と感動させられます。もっと子どものために力を尽くしたくなります。

③子どもと心が通じたとき。非行・問題行動を起こしている子、無口な子などの心の背景がつかめ、子ども理解が進んだとき。ホッとするとともに、子どもへの新たな信頼やいとおしさ、愛情が湧いてくるものです。

④子どもが心優しい片鱗を見せたとき。子ども同士、あるいは子どもが教師に対して心優しい言動を示してくれたとき。教師はうれしさがこみ上げて、教員になって良かったと実感できます。それだけ、教師は理想を追うロマンチストでもあるようです。

⑤親から感謝の言葉を贈られたり、信頼感を示されたとき。親との関係に頭を悩ます場面が多いだけに、励まされ、やる気が湧きます。

⑥同僚や校長がほめたり認めてくれたとき。職員室で何気なく感謝されたり、力量を認められてほめられると相手が同僚であれ、管理職であれ、うれしくなり元気が出ます。子ども自身が成長したり、同僚や保護者から慰めや励ましの言葉をかけられたときにも、同じように教師のやる気が湧いていることがわかります。

表彰制度よりも、これら日常生活のなかで教師の意欲が引き出せる環境づくりこそ、より効果的ではないでしょうか。

教師も地域住民としての生き方を

二一世紀のグローバルな時代において、教師に求められるのは「市民性」です。いかに教室内でのスキルアップに成功したとしても、今日のように変化の激しい社会では、長持ちするものではありません。むしろ、学校の外に出て、地域の一市民として自分の専門性を社会のなかで発揮することです。むろん、地方公務員には、「職務専念の義務」が課されていますから、子ども以外への教育活動は認められません。しかし、「教育公務員特別法」にある「任命権者が認める場合は教育に関する他の職を兼ねることができる」との規定をいかせれば有効です。教育委員会が「認可」すれば可能です。確かに授業だけでなく、生活指導や部活、教材研究、事務作業など多忙な教師にとっては、大きな負担であることは間違いありません。しかし、地域の人々と交流し、生活するなかで、教員に社会性が身につくことは確かです。また、学校や教師に対する理解も深まり、地域から学校への支援もその質を高めることでしょう。

実際に仙台のある中学校には「出前講座」が開設され、教職員が保護者や地域住民を対象にボランティアで授業を行っており、連携が深まるなど大きな成果を上げています。たとえば、二〇〇三年度には、「星の動き方」「折り紙」「囲碁」「コンピュータ」「成長期の学芸会」など二七コースも開設されました。地域との信頼関係も深まり、生徒が保護者や地域住民に「生徒版出前講座」を行い、総合学習の時間の成果としているといいます。八五％の生徒が「よかった」とアンケートに回答しているようです。住民のニーズと生徒側の発表内容、教職員の力量や負担など課題は多いものの貴重な実践といえます。

（4）　思春期を支える地域との連携

生きづらい時代

これまでも論じてきたように現代は、子どもたちにとって大変生きづらい社会となっています。ニートやひきこもりの問題も、そうした社会状況のなかで生まれているといえます。こうした状況のなかで、学校教育およびそれを支えるべき地域社会は、敏感な思春期の子どもたちをどのように育むべきなのでしょうか。

思春期の教育的課題を考えていくうえで、まず最近の学校現場に顕著に見られる問題点について再度整理して指摘しておきたいと思います。

思春期を押しつぶす「成果主義」

今日の学校における教育目標は、「学力低下」批判と「説明責任」の要求によって、小・中・高を問わず、「学力向上」が叫ばれ、具体的な数値を示す「成果主義」が大流行をみせています。したがって、たとえば「漢字検定四級合格三〇％以上」「英検三級合格二〇名以上」という「学力向上目標」が掲げられたり、「茶髪ゼロ」「遅刻五％減」「中退率一割減」など「生活改善目標」が提示されたりしています。さらには学校の環境整備にまで数値目標が示されています。「中央廊下の観葉植物三〇鉢以上」などと〝緑化〟目標も数値化される始末です。

これでは、複雑極まりない思春期の子どもたちの精神的発達を保障する学校としては、懐の深さを発揮することはできそうにもありません。したがって、大人には反抗しながら自立を求め、その反作用として友だちへの依存を強めつつ自立を遂げるという、思春期特有の複雑な心の発達を支えるには、数値に頼る「成果主義」は、子どもの発達にはあまりにも適しません。むしろ発達を疎外しかねません。なぜなら具体的な数値や型を提示すると、プロセスにおける多様な個人の発達の姿や可能性、つまり現代の子どもたちにとって一番大切なコミュニケーションが、すべて捨象され、数値に単純化されるからです。コミュニケーションに自信の持てない不登校やひきこもり傾向の生徒にとっては、あまりにも乱暴な方法といわざるをえません。

私が利用する鉄道の車窓に見えるある小学校には、「全校児童欠席ゼロ二日達成」などと乗客へのアピール文が校舎の窓に大きくはり出されています。一見、子どもたちの頑張りを称えているかのようですが、病欠の子や不登校児童にとっては、そうしたスローガンや目標がどんなにつらいことでしょうか。一方、別の路線からみえる小学校の校舎には、「未来へ夢を追い求めよう」というスローガンが掲げられています。心の柔らかな子どもたちにとってどちらの方が心安らぐでしょうか。希望を持てるでしょうか。いかなる場合でも「子どもの目線」を忘れると、大人の願いとは反対の結果を生む危険性が高いのです。

思春期の発達を促すために――四つの課題

思春期を含めて、子どもたちの教育を発達保障の観点から広く考えていくうえで、今日の教育現場に不足していると思われる課題を整理してみます。

第一は、コミュニケーション不全、つまり人間関係を上手に構築する術や、「社会力」と称される社会とかかわる力の未熟さが深刻になっているという問題です。

第二には、いわゆる古い教育風土に代表される、抑圧的な家族関係や、今日の競争的教育価値や文化がもたらす「自己肯定心情」の稀薄さが際立っている問題です。

第三は、かつては家庭内労働を通して、両親への信頼感を形成しつつ、自立を遂げたものですが、それに代わる労働体験や社会参加の体験が不足しているという問題です。そうした不足している労働や生活体験に代わり、将来につながるキャリアを培う力を養成する教育が行われていないことが深刻です。

第四は、「終わらない思春期」(斎藤環)と称される、思春期の精神的な発達を学校や家庭、地域社会が十分に保障できていない問題です。

それでは、これらの課題を学校においては、教育目標にどのように引き寄せて考えればよいのでしょうか。全体的な発達を保障するための教育上の目標(特に中学・高校)を鮮明にしておく必要があります。以下の三項目に整理できそうです。

①自己理解とアイデンティティの形成(新しい自分づくりの支援)、②現代社会と歴史認識の基本となる視点の育成(主権者としての自覚)、③職業についての理解と体験の支援(職業観・労働観の育成)。

こうした観点をすべての教育活動において貫くことが重要です。先述の四つの課題は、インタラクティブな関係で、ひきこもりを生み出す性向と表裏一体の関係を成しています。つまり、端的にいえばこれらの課題に挑戦することが、ひきこもり問題の解決に向けた抜本的なアプローチになるのです。思春期・青年期を見通した発達保障のプログラムをいかに体系的、総合的に確立できるのか、学校はもちろんのこと、家庭も、地域も社会もいま、問われているのです。

手厚い支援で思春期を発達

ひきこもりの子どもたちの発達課題に具体的に取り組んでいる例として、兵庫県にある日本でも珍しい県立のフリースクール(仮にK学園とします)があります。二〇〇五年に視察したときのことを紹介しておきましょう。

K学園のコンセプトは次のように説明されています。

「不登校などを経験した人たちが、豊かな自然の中でスタッフや仲間と触れ合い、さまざまな体験を通して、一人ひとりが自己理解を深め、進路を発見できるように支援する、中学校卒業以上で二十歳以下の人を対象とした全寮制の新しいタイプの学び舎」

農業大学校の跡地だけあって、広大な敷地には本格的なぶどう園や柿畑、トラクターで耕した菜園が広々と続いています。草地の彼方には羊が三匹いて、ゆったり草をはんでいます。スイスのチロル風にデザインされた建物が丘の緑に映えて美しい。ぼんやり眺めているだけで、ホッとさせられます。しばらくすると、心も体もリフレッシュされ、元気が出てくるから不思議です。食堂の重厚なテーブルは天然木の一枚板です。天井の照明は光がやわらかく配慮が行き届いています。

六三人の若者(平均年齢一六・五歳)たちが生活を共にしていました。全員が不登校経験者です。だから対人関係が苦手です。しかし、先生やカウンセラー、メンタル・フレンドの粘り強いサポートを得て、自分に応じた学習や体験学習のプログラムに参加します。徹底した個別プログラムによって、自己理解を深め、自己肯定心情を高めながら対人関係能力を鍛えるのです。

在籍は最長で二年間。しかし、三割は一年から一年半で「卒業」します。早い子は、半年で自信を回復して「卒業」するのです。共同生活を通して自立心も身につき、自分らしい進路を選択するのです。「どんな子も大切にケアされサポートされればこんなに伸びるのか」。改めて教育の原点を見せつけられた思いがしました。

お寺のネットワーク

もう一つ例を紹介しましょう。私の子ども時代には、文字どおり、お寺は子どもの遊び場であり、地域コミュニティの中核でした。現世をまっとうすれば、お世話になる人も多いところです。だから「安心の場」、「心許せる場」でもあったのです。「お寺さん」などと上にも下にも敬語を付けて呼んでいたものです。

その「お寺さん」が、不登校の子どもや引きこもりの青年たちのためにネットワークを組んだのです。本人や家族の悩みを受けとめ、社会参加し、脱出するサポートをするというのです。「てらネットEN(縁)」。平仮名にカタカナ、おまけにアルファベットまで混じる。なんとも現代的なセンスに満ちたネーミングです。お寺という日本の伝統文化の古くささを感じさせず、今日の子どもや青年でも、スッととけ込んでいけるムードを漂わせています。「お寺だからできることがある」といいます。確かにそうかもしれません。安心できる居場所が全国どこにでもあるのに、お寺という存在を忘れていたのではないでしょうか。「全国不登校ひきこもり対応寺院ネットワーク　てらネットEN」が二〇〇四年一〇月にスタートしました。まだ、十数寺院のネットワークにしかすぎません。しかし、寺院が今日的な子ども・青年の居場所として宗教の別をこえて広く機能しはじめれば、子ども・青年だけでなく、大人も元気になり、地域コミュニティのあり方を見つめ直させることにもなるでしょう。

国、地方自治体、企業、NPOなどの課題

国、地方自治体、企業、NPOなどの課題について、特にポイントとなる問題を中心に論じておきます。

NPOなどによる多様な「居場所づくり」が、この二、三年全国に広がってきたように思います。

私自身もそうした施設のオープニング・セレモニーに立ち会ったことがあります。地方の篤志家や、苦しむ親たちが力を合わせて、不登校の子どものたまり場と同様に、ひきこもりの青年たちのフリースペースを各地でつくりはじめているのです。そうした状況のなかで、ニート

問題が注目されてきたこともあり、政府も少しは支援策に取り組みはじめました。ただ、それでも国際的な比較でいえば、日本政府が投入している資金は、まだまだ少ないのです。「若者がきちんと働かないのは怠けだ、わがままだ」といった捉え方が根強いからでしょうか。

ニート問題の陰にかくれずに「ひきこもり」の家族支援の具体化を急ぐ必要があります。医師による対応を充実させることも重要なポイントの一つです。具体的には「保険点数」の問題など、医師の側からすれば、「ひきこもり」の青年を抱える家族の相談に応じても診察として請求できるように改善する、といった施策が重要だと思います。思春期に対応できる精神科の医師の数は、政府のデータをみても、全国に二〇〇人ぐらいしかいません。しかし、実際に現場に出ている精神科の医師は、二〇～三〇人ともいわれています。このように思春期の精神医療の分野は、盲点になっているのです。こういう貧弱な医療体制をどうするかということも思春期の不登校やひきこもり問題の克服にとって抜本的な課題です。

「職親」制度を

私は、以前から「ひきこもり」の「職親制度」をつくるべきだと提案しています。障害を持った人を企業が採用する基準は、法律で決まっています。それと同じように、「ひきこもり」青年を対象とした「職親制度」のようなケア体制が必要ではないかと考えています。今日では企業も、経営的なゆとりがなくなってきています。しかし、こうした問題においても、企業には社会的な役割や公共性が期待されているのです。たとえば、「職親」制度を採用した会社に対しては、国としても金銭的な援助をするとか、いろいろ方法があるはずです。

「若者自立塾」(一五五ページ参照)の青少年自立援助センター(東京都福生市)が中心になって進める「コミュニティ・アンクル・プロジェクト」というユニークな取り組みがあります。このプロジェクトは、近隣の商店や企業の経営者が「アンクル(おじさん)」の役割を担うというものです。ケーキ屋さんや自動車工場など四三事業所が協力して、仕事をマンツーマンで教えます。実際にこのプロジェクトにお世話になり、アルバイトに採用されて働く青年も出はじめています。

また、若者の就職率の低さをどう改善するかという根本的な問題もあります。先述のとおり雇用における「社会性」や「公共性」「人権の尊重」という問題を、企業は社会的責任としても捉える必要があるのではないでしょうか。もちろん企業だけの責任に帰すのではなくて、市民の一人ひとりが参加した手厚い社会的なサポートも必要になります。

さらに、我が国において生涯学習社会をどう展望し、構築していくのかという大きなビジョンが必要です。就労後の社会生活、地域生活、家庭生活をどう充実させるのかという課題です。私たちは生涯、死に至るまで発達しつづけるのだととらえ、生涯の発達をどのようにデザインしていけるのか、いま、大切な課題になっているように思います。

2 「子ども市民」を育てる
――大胆な子ども参画の拡大――

子どもが主役の授業

子どもが主役になっている愛知県の私立高校の授業参観をして、驚かされたことがあります。それはこんな風景でした。

パソコンが得意な一年生のYさんはホームページの作り方、上海出身のKさんは中国語講座、生徒会長のN君は車いすで外へ出て体験授業。こういった具合に、なんと生徒が授業の「先生」を務めているのです。こうなると、学校に大きな変化が生まれてきます。

まず第一に、授業を行う生徒自身が急成長します。「授業が楽しくないと思うときがあるんですよ。とにかくみんなが意欲的に参加してもらえる、楽しい講座をやりたい」。ある生徒は、最初こう意気込んでいました。ところが、二〇人対象の一斉授業がどういうものか、経験がないだけにイメージが湧かないようです。まずここで教える難しさを痛感することになります。友だちは「明るく冗談を言ってから始めたらどうか」などと一緒に考えてくれたようです。責任感に押しつぶされそうになりながらも、ようやく授業の後半では参加者にも笑顔が出ます。安堵する〝高一生〟の表情は、つき物が落ちたように晴れやかです。人間的にひとまわり成長した姿に見えました。

第二に、教室の授業全体に変化が現れます。生徒が授業を「する側」に立ったことによって、これまでの「先生＝教える人、生徒＝教えてもらう人」という一方通行の「お客さん役」から脱することになります。おしゃべりなどで授業をさぼっていた生徒たちも、授業改善の建設的な「提案者」や「協力・共同者」へと大きく変身します。

このように生徒に、教える側までの役割を体験させると、教師主導の普通の授業であっても、生徒の発言、発表が活発化するのです。話しにくい自己体験を友だちの前で率直に語れるようになります。それらを真正面から受けとめ、自分に重ね合わせながら聞く仲間の姿は、感動的ですらありました。授業を通して、生徒間に相互の信頼関係まで構築されていくから不思議です。まさに授業実践こそ生徒指導であり、学級づくりなのだと教えられます。

授業講評にも生徒が参加

ある私立高校の「研究業績・公開授業」に招かれて驚かされました。授業後に、国語の〝授業講評会〟に顔を出したのですが、なんとそこには、つい先ほど授業を受けていた生徒の有志が参加しているではありませんか。生徒参加の授業講評など、私にとっては初めての経験でした。

教員が一〇人近く、保護者も二人います。生徒は数えると九人です。二〇人ばかりが和やかに感想や意見を出し合っています。「小説を読むなら、短いのは嫌。長篇がいい」「新聞の評論が面白い」などなど。

授業教材そのものにも遠慮のない注文をつけています。よく聞くと、小説を読むのは好きだけど「授業では〝解釈〟をするので嫌」だとか。言いたい放題です。そのうちに、「数学の教師はうまい」などとほかの授業を引き合いに出しはじめます。

「教員自身が授業を楽しんでいる」「その日のニュースを話題にする」「導入がうまく、興味をわかせる」などと、意見は絶えません。なんという寛容さでしょうか。生徒と授業づくりのパートナーとして向き合っているのです。

子どもは社会の一員

いくつかの事例を紹介したように、子どもを社会の一員として〝学校づくり〟や〝街づくり〟などあらゆる領域に積極的に参画させることが重要です。市場主義原理に基づいた、他者を蹴落とすような「競争」ではなく、お互いに共同して共通の目標や幸せを達成し、喜びを分かち合える「共創」の機会を増やすべきでしょう。そのなかでこそ、人間への信頼感や社会的モラルが形成されます。子どもへの信頼感も形成できるのです。

また、住民自治にも文字どおり「子ども市民」「子ども主権者」として、その力を発揮している例があります。二〇〇三年九月に秋田県岩城町で実施された住民投票は、その典型です。

制服姿の女子高校生が、投票箱の前に立ち、下唇をキュッと噛み締め、片手に持った投票用紙をおずおずと投票口に差し出す。あるいは、ジーンズにジャンパー姿の高校三年生の女子が、白い歯を見せながらはにかんで投票しています。

こんな新聞報道の写真に、私はしばし見入りました。かくもすがすがしい一コマに出くわし、言い知れぬ喜びがあふれたものです。

実はこの住民投票は、全国各地で揺れ動いた市町村合併の相手を決めるためのものです。これまでは公職選挙法と同様に、二〇歳以上でなければ政治への参加は認めてきませんでした。だが、岩城町では、一八歳と一九歳も一票を投じられるように町の条例を変えたのです。

町長の説明が光っています。「住民投票に参加することで、大人と同じ立場で町の将来を決めたのだ、という責任感と誇りを持ってもらいたい。高校生活や毎日の仕事を通じて、一八歳も客観的に自分の住む町を見る目を備えているはずだ」と力説します。

高校生たちは、「ドキドキしました。自分の声を町に伝えることができてうれしかった」とか、「一票の重みを感じた。町について考え、家族と話すいい機会になった」「自分の意見を言えないのは悔しいと思って投票に来た」などと語っています。

「子ども市民」として

この他にも例を紹介します。長野県平谷村《ひらや》では、二〇〇三年五月、投票資格をなんと中学生にまで下げて実施しました。さすがに中学生の住民投票参加は全国でも初めてでした。「村内に高校がなく、進学と同時に村から転出してしまう若者が少なくないので、その前に意思を聞きたい」とのこと。

また同年一〇月、北海道の奈井江《ないえ》町では、ついに小学五、六年生にも判断を求めました。「難しかったけど、大人と同じにできてよかった」と五年生が誇らしげに答えています。

同町では、二〇〇二年三月に「子どもの権利に関する条例」を定めており、その精神を早速生かしたようです。子どもの意見を大人と対等に聞き、尊重する行政の姿勢が示されました。町長が、「子どもたちが真剣に反応してくれた。子どもたちが大人の投票を促したのではないか」と述べたのもあながちオーバーではないようです。

これらの例は、現代は大人と子どもが刺激し合い、励まし合ってより豊かな地域づくりや生き方を模索していける時代であること、すなわち「子ども市民」の時代が到来していることを物語っています。子どもたちを一人の「市民」として、さらにはグローバルな時代にふさわしい「地球市民」として、大人のパートナーとして向き合い、育ち合っていければいいのではないでしょうか。

いまや世界の一四〇カ国、七割強の国で一八歳以上が選挙権をえています。若者の政治参加は当然なのです。今後の超高齢社会の到来を考えたとき、早い段階から若者のパワーを生かさない手はないのです。そして、子ども参加を促すうえで重要になってくるのが、大人が根気強く子どもに寄り添い、支えていくことです。これまで述べてきた、今日のネット社会と子どもの関係においても同様です。子どもを無責任にネット社会にほうり出すのではなく、大人の粘り強い支えが重要なのです。

大人の側こそ「子ども市民」を育て、子どもとのパートナーシップで、平和な未来を切り拓く視点が求められているのではないでしょうか。そのためにも、各県・市・町・村が率先して、「子どもの権利に関する条例」を独自に定め実践する必要があるでしょう。

たとえば、高知県は、二〇〇四年八月に「高知県子ども条例」を制定、公布しました。「前文」以下次の七章と「附則」から成っています。

第一章　はじめに（第一条—第四条）

第二章　自分を探す（第五条―第八条）
第三章　夢を持つ（第九条―第一二条）
第四章　自分を表す（第一三条）
第五章　地域で育つ（第一四条―第一六条）
第六章　未来を創る（第一七条―第二〇条）
第七章　その他必要なこと（第二一条）

前文には格調高く次のように子どもの尊厳をうたっています。

　こどもは高知県の未来です。一人一人のこどもが主人公として、自分自身を探し求め、夢を持って幸せに育っていくことは、県民の願いであり、これからの高知県の豊かな未来を築いていくための重要な課題です。
　そのためには、まず、日本国憲法や児童の権利に関する条約などの理念を踏まえて、こどもの人権が守られなければなりません。もちろん、こどもも社会の一員としての役割を自覚し、社会のルールや他の人の人権を守ることが必要です。しかし、なにより、社会や大人が、こどもを一人の人間として認めることが出発点になります。

こどもが幸せを感じ、豊かに育っていける社会は、同時に、人と人とがうまくつながりあえるような温かい社会でもあります。このような社会をつくるためには、大人とこどもがきちんと向き合い、知恵を出し合い、失われつつある人と人とのつながりや、地域のつながりを取り戻すことが必要です。

この条例づくりの過程には、多くのこどもと大人が参加し、長い時間をかけてそれぞれの思いを集め、大きな力となるひとつの形にしてきました。

この条例を活かすのは、県民である、こどもと大人一人一人であり、こどもが健やかに育っていくための取組を県民みんなで進めていくことが大切です。

一人一人のこどもが、幸せで、豊かに育ち、自分の人生の主人公でいられることを大人が支援し、こどもが高知県で育って良かったと感じられるような社会を築くためにこの条例を制定します。

もちろん一部に不十分な点はみられるものの、このような子ども条例が、全国各地の自治体で一つでも多く成立することが、そして実体化することが、二一世紀の日本の活力の源となるに違いありません。

子どもたちが大人とパートナーシップの精神を持った参画が広がることによって、子どもたちの自己肯定感が高まり、自己責任感も形成されることでしょう。それらの喜びと緊張感は、子どもたちの心を元気にし、困難に挑戦するパワーや勇気を与えてくれるのです。つまり、エンパワーメントされることになります。

たとえば、二〇〇三年一一月には、愛知県高浜市で「子ども市民憲章」が制定されていますが、これは子ども参加型で実にユニークです。文章がとても子どもっぽいのが特徴です。「怒りたくてもすぐにださない。趣味や夢を見つけて発散しよう！　それでもイヤなことがあったら「ムカツク」の一言で終わらせないで、自分の感情をもう少し細かい言葉で表現してもいい」という具合です。

ここに至るまでには、大人の委員との激しいやりとりもあったようです。事前の「自己肯定感」に関するアンケートでは、大人と子どものズレがはっきり出ていました。つまり「あなたは自分のことが好きですか」という質問に対して「好き」(「どちらかといえば」含む)は子どもは三八％と半数にも達しません。ところが、「好きだと思っている」と受けとめている大人は八六％と高率だったのです。自分を好きになれない子どもたちのムカツキを、大人たちはどのような意見表明として受けとめているのかが問われているのです。

とりわけ、学校は子どもたちが一日の大半の時間を過ごす「学び」と「生活」の場です。その空間に子ども参画が保障されていけば、いかに子どもの自立が促され、学習意欲にあふれ、協力・共同の関係に満ちた教室が実現することでしょう。そうすれば、現代の学校が抱える学習意欲やモラルの減退、コミュニケーション・スキルの低下問題、いじめ・不登校などもみるみる解決することでしょう。学校は本当の「学び舎」として、復権するに違いありません。

おわりに

「何も変わっていない」
「いやむしろ深刻化しているだけかも」
「日本の政治、経済、社会のモラル崩壊と軌を一にしている」

拙著『子どもの危機をどう見るか』が刊行された二〇〇〇年以降における思春期の子どもたちの現状を眺めてくると、こんなつぶやきが、溜息まじりにもれそうになります。

市場原理にもとづき、数値目標を掲げて競争させる成果主義、「何でもあり」の自己目的化した規制緩和(改革)路線、父母を消費者に見立てた学校の顧客ニーズ迎合主義、政治家のさまざまな暴言などにみられるモラルの崩壊、けじめ無用社会の出現。これらに大きな影響を受けながら進行しているのが、今日の「教育の構造改革」(文部科学省)なのです。

どの子も見捨てずに伸ばそうと努力してきた、これまでの日本の伝統的な教育理念や教師たちの優れた実践力は、いま、急速に萎えそうです。現場教師は自信を奪われ、国連が懸念を表明していたとおり(子どもの権利委員、一九九八年六月)、日本の子どもたちはいまやストレスによる抑うつ傾向さえ帯びはじめています。このような乱暴な路線をあと数年も歩むことになれば、まぎれもなく、子どもたちの生きる力も学力も二極化し、格差社会を固定しかねません。国際的な教育・文化の動向からも孤立していくことでしょう。そうした深刻な状況への危機感が、私に本書を執筆させた原動力です。

しかし、本書で述べてきたように〝絶望的〟ともいえる深刻さにもかかわらず、このような閉塞状況を打破する萌芽と展望は存在します。

それは、第五章でも述べたとおり、私たち大人とともに生きるパートナーとして、子どもたちを学校、家庭、地域、NPO、ボランティア・余暇活動など、さまざまな分野に大胆に参加させることです。子どもと教育の問題で前進し、子どもたちの瞳が輝いている地域は、ほとんど例外なく、この「子ども参加」を理念として掲げ、制度化したり、実践したりしています。

いま、思春期の発達と教育の危機を打開する道は、素朴な子ども参加を促す視点なのです。「子どもの目線」です。大人だけで閉じてしまったり、学校だけ、教員だけで頭を悩ませたりしないことです。子どもの問題は、子ども自身に相談し、子どもと対話を重ね、子どもの考えを聞いてみるのが一番です。学力やネット、ニートなどの問題についてもとことん子どもの声を聞くことです。大人でうまくいかない時は、思いきって子どもにまかせてみることです。本文で触れた事例以外にも、たとえば高知県では、生徒が担任を選ぶ「希望担任制度」を導入しようとする県立高校が出現しました。生徒は学級経営方針やスローガン、プロフィール、写真などが貼られた二〇人の担任候補表の中から、第四希望まで選んで提出するのです。むろん、心配な点もあります。しかし何よりも、「生徒が主役、自分が担任決定に参加」したという実績と実感は、自尊感情と教師への信頼感を育み、その後の学校生活で困難が襲ってきても逃げないで、教師とともに乗り越えようとする勇気とパワーを与えてくれるのです。また新潟の聖《せい》籠《ろう》中学校では、教科担任を生徒の側が選ぶ希望選択制が導入されています。すなわち、生徒が、国語や数学の担当教師を好きに選べるのです。日本では珍しいシステムです。この中学校では、校長が、自分の通知表ともいうべき、「学校経営診断カード」を先生たちに配布し、評価してもらっています。これを参考に管理職は学校経営に当たるのです。このプロセスが、教師一人ひとりに「当事者」意識を形成し、教員相互の信頼関係を高め、和気あいあいとした職員室のムードを作りだします。そのことが、結果的には教師の実践力や子どもを理解する力を増大させるのです。

子ども参加は、教育困難打開の鍵であると同時に、グローバルな時代の「子ども市民」育成への確かな一歩なのです。そうすれば、あらゆる分野で民主主義的相互関係性が身につき、これからの多文化社会を生きる感性が育つことでしょう。また、これまで子どもたちの権利の一つとして強調されてきた「意見表明権」を行使するという課題も、「参加」プロセスのなかに吸収統合され、いつの間にか発揮されるようになるはずです。

二一世紀の国際社会を世界の人々と〝共存〟しながら生き抜く「地球市民」を育てるうえで、自らの意見を表明できる力を育むことは最も重要で基本的な課題です。すでに述べたように、子どもの権利条約でも、子どもの「個」としての、あるいは「集団」としての意見表明権は条約の基本精神とされています。これは、人格形成上も中核をなす思春期の発達課題であり、民主主義の土台となる力です。日本も一九九四年に条約を批准した以上、その実現に向けては、努力を怠ってはならない立場にいるのです。

子どもたちが社会のあらゆる動きについてよく考え、大人とパートナーシップで社会の成員として、多様性を認めつつ、自分の意見や希望をしっかりと持てるようにし、一人の主権者としての自覚と責任を育てていくことです。現に、アメリカでは二〇〇五年一〇月に一八歳の高校生市長が誕生し、日本でも話題を呼びました。参加どころか、執行の責任まで大人から信託されたのです。こうした力こそ、子どもたちにとっても未来社会への希望を切り拓く「生きる手段となる学力」(リテラシー)といえるのではないでしょうか。学力テストの順位に一喜一憂する前に、私たちは子どもたちの生の声を聞くべきです。競争の恐怖ではなく、安心と共同、それに何よりも子どもたちの発達保障のために何をすべきか、あわてずにじっくり考えたいものです。

本書では、事件については学校と行政の具体的対応例を取り上げて、事実を詳しく分析する臨床教育学的な手法で検討しました。そうしなければ、個々の局面で社会に与えた疑問に的確に応えることも不安を解消することもできず、教訓を導き出せないと考えたからです。しかし、そのことで関係者を傷つけないように、表現には配慮を重ねたつもりです。そのために、読者には伝わりにくい部分が生じてしまったのではないかという心配もあります。表現の難しさを痛感させられました。

岩波新書編集部の田中宏幸氏には、企画段階から校正に至るまで的確なアドバイスとねばり強いご支援をいただきました。また、秘書の石塚悦子さんや臨床教育研究所「虹」のスタッフには、長期にわたる細やかな後方支援をいただき、感謝に堪えません。記してお礼申し上げます。

二〇〇六年二月

尾木直樹

尾木直樹
1947年滋賀県に生まれる
1971年早稲田大学教育学部卒業後，私立海城高校，東京都公立中学校教師を経て，
現在─教育評論家，臨床教育研究所「虹」所長，法政大学キャリアデザイン学部教授，早稲田大学大学院教育学研究科客員教授
著書─『子どもの危機をどう見るか』(岩波新書)
『学校は再生できるか』
『「学級崩壊」をどうみるか』
『「学力低下」をどうみるか』(以上，NHKブックス)
『困った親への対処法！』(編著，教育開発研究所)
『子どもの目線』(弘文堂)
『競争より「共創」の教育改革を』(学陽書房)
『子育てとテレビ新事情』(新日本出版社) ほか

思春期の危機をどう見るか　岩波新書(新赤版)998

2006年3月22日　第1刷発行
2013年3月15日　第5刷発行

著　者　尾木直樹《おぎなおき》

発行者　山口昭男

発行所　株式会社 岩波書店
〒101-8002 東京都千代田区一ツ橋2-5-5
案内 03-5210-4000　販売部 03-5210-4111
http://www.iwanami.co.jp/

新書編集部 03-5210-4054
http://www.iwanamishinsho.com/

印刷・理想社　カバー・半七印刷　製本・中永製本

ISBN 4-00-430998-0　Printed in Japan

岩波新書新赤版一〇〇〇点に際して

ひとつの時代が終わったと言われて久しい。だが、その先にいかなる時代を展望するのか、私たちはその輪郭すら描きえていない。二〇世紀から持ち越した課題の多くは、未だ解決の緒を見つけることのできないままであり、二一世紀が新たに招きよせた問題も少なくない。グローバル資本主義の浸透、憎悪の連鎖、暴力の応酬——世界は混沌として深い不安の只中にある。

現代社会においては変化が常態となり、速さと新しさに絶対的な価値が与えられた。消費社会の深化と情報技術の革命は、種々の境界を無くし、人々の生活やコミュニケーションの様式を根底から変容させてきた。ライフスタイルは多様化し、一面では個人の生き方をそれぞれが選びとる時代が始まっている。同時に、新たな格差が生まれ、様々な次元での亀裂や分断が深まっている。社会や歴史に対する意識が揺らぎ、普遍的な理念に対する根本的な懐疑や、現実を変えることへの無力感がひそかに根を張りつつある。そして生きることに誰もが困難を覚える時代が到来している。

しかし、日常生活のそれぞれの場で、自由と民主主義を獲得し実践することを通じて、私たち自身がそうした閉塞を乗り超え、希望の時代の幕開けを告げてゆくことは不可能ではあるまい。そのために、いま求められていること——それは、個と個の間で開かれた対話を積み重ねながら、人間らしく生きることの条件について一人ひとりが粘り強く思考することではないか。その営みの糧となるものが、教養に外ならないと私たちは考える。歴史とは何か、よく生きるとはいかなることか、世界そして人間はどこへ向かうべきなのか——こうした根源的な問いとの格闘が、文化と知の厚みを作り出し、個人と社会を支える基盤としての教養となった。まさにそのような教養への道案内こそ、岩波新書が創刊以来、追求してきたことである。

岩波新書は、日中戦争下の一九三八年一一月に赤版として創刊された。創刊の辞は、道義の精神に則らない日本の行動を憂慮し、批判的精神と良心的行動の欠如を戒めつつ、現代人の現代的教養を刊行の目的とする、と謳っている。以後、青版、黄版、新赤版と装いを改めながら、合計二五〇〇点余りを世に問うてきた。そして、いままた新赤版が一〇〇〇点を迎えたのを機に、人間の理性と良心への信頼を再確認し、それに裏打ちされた文化を培っていく決意を込めて、新しい装丁のもとに再出発したいと思う。一冊一冊から吹き出す新風が一人でも多くの読者の許に届くこと、そして希望ある時代への想像力を豊かにかき立てることを切に願う。

（二〇〇六年四月）

岩波新書より

社 会

欧州のエネルギーシフト　脇阪紀行
家族という意志　芹沢俊介
ルポ 良心と義務　田中伸尚
靖国の戦後史　田中伸尚
日の丸・君が代の戦後史　田中伸尚
飯舘村は負けない　千葉悦子 松野光伸
夢よりも深い覚醒へ　大澤真幸
不可能性の時代　大澤真幸
3・11 複合被災　外岡秀俊
子どもの声を社会へ　桜井智恵子
就職とは何か　森岡孝二
働きすぎの時代　森岡孝二
日本のデザイン　原研哉
ポジティヴ・アクション　辻村みよ子
脱原子力社会へ　長谷川公一
希望は絶望のど真ん中に　むのたけじ
戦争絶滅へ、人間復活へ　むのたけじ 黒岩比佐子 聞き手

福島 原発と人びと　広河隆一
アスベスト 広がる被害　大島秀利
原発を終わらせる　石橋克彦編
大震災のなかで 私たちは何をすべきか　内橋克人編
日本の食糧が危ない　中村靖彦
ウォーター・ビジネス　中村靖彦
食の世界にいま何がおきているか　中村靖彦
勲章 知られざる素顔　栗原俊雄
希望のつくり方　玄田有史
生き方の不平等　白波瀬佐和子
同性愛と異性愛　風間孝 河口和也
居住の貧困　本間義人
贅沢の条件　山田登世子
ブランドの条件　山田登世子
新しい労働社会　濱口桂一郎
世代間連帯　上野千鶴子 辻元清美
当事者主権　中西正司 上野千鶴子

ルポ 雇用劣化不況　竹信三恵子
道路をどうするか　五十嵐敬喜 小川明雄
建築紛争　五十嵐敬喜 小川明雄
「都市再生」を問う　五十嵐敬喜 小川明雄
ルポ 労働と戦争　島本慈子
戦争で死ぬ、ということ　島本慈子
ルポ 解雇　島本慈子
子どもの貧困　阿部彩
子どもへの性的虐待　森田ゆり
森の力　浜田久美子
テレワーク 「未来型労働」の現実　佐藤彰男
反貧困　湯浅誠
地域の力　大江正章
ベースボールの夢　内田隆三
グアムと日本人 戦争を埋立てた楽園　山口誠
少子社会日本　山田昌弘
親米と反米　吉見俊哉
「悩み」の正体　香山リカ

岩波新書より

岩波新書より

現代世界

- 非アメリカを生きる　室　謙二
- コロニアリズムと文化財　荒井信一
- ネット大国中国　遠藤　誉
- 中国は、いま　国分良成編
- ジプシーを訪ねて　関口義人
- 中国エネルギー事情　郭　四志
- アメリカン・デモクラシーの逆説　渡辺　靖
- ユーラシア胎動　堀江則雄
- オバマ演説集　三浦俊章編訳
- ルポ 貧困大国アメリカ II　堤　未果
- ルポ 貧困大国アメリカ　堤　未果
- オバマは何を変えるか　砂田一郎
- タイ 中進国の模索　末廣　昭
- タイ 開発と民主主義　末廣　昭
- 平和構築　東　大作
- イスラエル　臼杵　陽
- ネイティブ・アメリカン　鎌田　遵

- アフリカ・レポート　松本仁一
- ヴェトナム新時代　坪井善明
- ヴェトナム 「豊かさ」への夜明け　坪井善明
- イラクは食べる　酒井啓子
- エビと日本人 II　村井吉敬
- エビと日本人　村井吉敬
- 北朝鮮は、いま　北朝鮮研究学会編　石坂浩一監訳
- 欧州連合 統治の論理とゆくえ　庄司克宏
- バチカン　郷　富佐子
- 国際連合 軌跡と展望　明石　康
- アメリカよ、美しく年をとれ　猿谷　要
- アメリカの宇宙戦略　明石和康
- 日中関係 戦後から新時代へ　毛里和子
- いま平和とは　最上敏樹
- 国連とアメリカ　最上敏樹
- 人道的介入　最上敏樹
- 大欧州の時代　脇阪紀行

- 現代ドイツ　三島憲一
- 「民族浄化」を裁く　多谷千香子
- サウジアラビア　保坂修司
- 中国激流 13億のゆくえ　興梠一郎
- 多民族国家 中国　王　柯
- ヨーロッパ市民の誕生　宮島　喬
- 東アジア共同体　谷口　誠
- アメリカ 過去と現在の間　古矢　旬
- ヨーロッパとイスラーム　内藤正典
- 現代の戦争被害　小池政行
- アメリカ外交とは何か　西崎文子
- 帝国を壊すために　アルンダティ・ロイ　本橋哲也訳
- 多文化世界　青木　保
- 異文化理解　青木　保
- 国際マグロ裁判　小松正之　遠藤　久
- デモクラシーの帝国　藤原帰一
- テロ後 世界はどう変わったか　藤原帰一編
- パレスチナ〔新版〕　広河隆一
- チェルノブイリ報告　広河隆一

岩波新書より

哲学・思想

論語入門　井波律子
トクヴィル 現代へのまなざし　富永茂樹
和辻哲郎　熊野純彦
西洋哲学史 近代から現代へ　熊野純彦
西洋哲学史 古代から中世へ　熊野純彦
現代思想の断層　徳永恂
宮本武蔵　魚住孝至
いま哲学とはなにか　岩田靖夫
西田幾多郎　藤田正勝
善と悪　大庭健
丸山眞男　苅部直
世界共和国へ　柄谷行人
ラッセルのパラドクス　三浦俊彦
古代中国の文明観　浅野裕一
悪について　中島義道
ポストコロニアリズム　本橋哲也
偶然性と運命　木田元
ハイデガーの思想　木田元
現象学　木田元
私とは何か　上田閑照
戦争論　多木浩二
キケロ　高田康成
プラトンの哲学　藤沢令夫
術語集 II　中村雄二郎
臨床の知とは何か　中村雄二郎
術語集　中村雄二郎
哲学の現在　中村雄二郎
マックス・ヴェーバー入門　山之内靖
民族という名の宗教　なだいなだ
権威と権力　なだいなだ
ニーチェ　三島憲一
「文明論之概略」を読む 上・中・下　丸山真男
日本の思想　丸山真男
文化人類学への招待　山口昌男
生きる場の哲学　花崎皋平
アリストテレス　山本光雄
近代日本の思想家たち　林茂
諸子百家　貝塚茂樹
孔子　貝塚茂樹
孟子　金谷治
知者たちの言葉　斎藤忍随
朱子学と陽明学　島田虔次
デカルト　野田又夫
ソクラテス　田中美知太郎
現代論理学入門　沢田允茂
哲学入門　三木清

教育

- 大学とは何か　吉見俊哉
- 赤ちゃんの不思議　開一夫
- 日本の教育格差　橘木俊詔
- 社会力を育てる　門脇厚司
- 子どもの社会力　門脇厚司
- 子どもが育つ条件　柏木惠子
- 障害児教育を考える　茂木俊彦
- 障害児と教育　茂木俊彦
- 誰のための「教育再生」か　藤田英典編
- 教育改革　藤田英典
- 教育力　齋藤孝
- 思春期の危機をどう見るか　尾木直樹
- 子どもの危機をどう見るか　尾木直樹
- 学力を育てる　志水宏吉
- 幼児期　岡本夏木
- 子どもとことば　岡本夏木
- 「わかる」とは何か　長尾真
- 学力があぶない　大野晋・上野健爾
- ワークショップ　中野民夫
- ニューヨーク日本人教育事情　岡田光世
- 子どもとあそび　仙田満
- 子どもと学校　河合隼雄
- 子どもと自然　河合雅雄
- 子どもの宇宙　河合隼雄
- 教育とは何か　大田堯
- からだ・演劇・教育　竹内敏晴
- 教育入門　堀尾輝久
- 日本教育小史　山住正己
- 乳幼児の世界　野村庄吾
- 自由と規律　池田潔
- 私は二歳　松田道雄
- 私は赤ちゃん　松田道雄

心理・精神医学

- 心の病 回復への道　野中猛
- 自殺予防　高橋祥友
- だます心 だまされる心　安斎育郎
- 痴呆を生きるということ　小澤勲
- 〈こころ〉の定点観測　なだいなだ編著
- 純愛時代　大平健
- やさしさの精神病理　大平健
- 豊かさの精神病理　大平健
- 快適睡眠のすすめ　堀忠雄
- 夢分析　新宮一成
- 精神病　笠原嘉
- 生涯発達の心理学　高橋惠子・波多野誼余夫
- 心病める人たち　石川信義
- コンプレックス　河合隼雄

岩波新書/最新刊から

1408 **百年の手紙**
―日本人が遺したことば―
梯久美子著
家族への愛、戦地からの伝言、権力に抗った理由、友人への弔辞…。素朴で熱い想いが凝縮された、百の手紙をめぐる珠玉のエッセイ。

1409 **面白い本**
成毛眞著
面白いにもホドがある！ 書評サイトHONZの代表が薦める、選りすぐりの面白本一〇〇冊。これぞ、究極のブックガイド。

1410 **小さな建築**
隈研吾著
震災後、建築をゼロから考え直した。自立した能動的な存在として、小さな建築は人間を世界とつなげるか。斬新な作品を語る。

1411 **ラジオのこちら側で**
ピーター・バラカン著
ロンドンのロック青年が日本のブロードキャスターに。メディアの激変を振り返り、愛するラジオと音楽の可能性を現場から発信する。

1412 **震災日録**
記憶を記録する
森まゆみ著
小所、低所から、人々のかすかな、震える声を聞きとり、新聞・テレビ報道には出てこない被災地の状況を伝える貴重なドキュメント。

1413 **哲学のヒント**
藤田正勝著
生死、自己、美などについて、古今東西の思想家たちの言葉をたどりつつ、読者それぞれが「思索の旅」を始めるヒントを提供する。

1414 **なつかしい時間**
長田弘著
未来にむかって失われてはいけない大切なもの。再生を求めて、みずからの詩とともにNHK「視点・論点」で語った十七年の集成。

1415 **ヘタウマ文化論**
山藤章二著
ピカソ、岡本太郎、東海林さだお、立川談志から江戸庶民文化まで、脈々と息づくヘタウマ文化を、愉快痛快な筆で鮮やかに読み解く。

(2013.3)